POEMAS

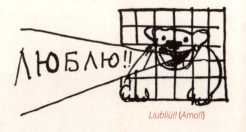

Liubliú!! (*Amo!!*)

COLEÇÃO SIGNOS
dirigida por Augusto de Campos

EQUIPE DE REALIZAÇÃO
Supervisão editorial J. Guinsburg

Edição Original
Revisão Augusto e Haroldo de Campos, Boris Schnaiderman
Programação visual e capa Augusto de Campos
Vinheta das separatas W. Grieco

Edição Especial
Revisão Juliana Sergio
Produção textual Luiz Henrique Soares e Elen Durando
Adaptação gráfica Sergio Kon
Produção Ricardo W. Neves, Sergio Kon e Lia N. Marques

Reproduz-se na capa e na folha de rosto a silhueta de Maiakóvski, por A. Ródtchenko (1940). Na contracapa, o poema-anel de Maiakóvski, Na página de abertura, LIUBLIÚ (AMO), dedicado a Lília Iúrievna Brik, na versão tipográfica de El Lissítzki (1923), com apliques vermelhos de Augusto de Campos.

MAIAKÓVSKI

POEMAS

augustodecampos
haroldodecampos
borisschnaiderman

EDIÇÃO ESPECIAL
REVISTA E AMPLIADA

cip-Brasil. Catalogação na Publicação
Sindicato Nacional dos Editores de Livros, rj

m184m
    Maiakovski, Vladimir, 1893-1930
    Maiakovski: poemas / Vladimir Maiakovski; tradução Boris Schnaiderman, Haroldo de Campos, Augusto de Campos. – Ed. especial rev. e ampl. - São Paulo: Perspectiva, 2017.
    288 p. : il. ; 21 cm. (Signos ; 10)

    Tradução de: Sobranie sotchinenii v 8 tomakh
    isbn 9788527311151

    1. Poesia russa. i. Schnaiderman, Boris. ii. Campos, Haroldo de. iii. Campos, Augusto de. iv. Título. v. Série.
17-45161   CDD: 891.71
                                        CDU: 821.161.1

03/10/2017   06/10/2017

EDIÇÃO ESPECIAL
REVISTA E AMPLIADA
[2ª reimpressão]

Direitos reservados à
EDITORA PERSPECTIVA S.A.
Av. Brigadeiro Luís Antônio, 3025
01401-000 São Paulo SP Brasil
Telefax: (11) 3885-8388

www.editoraperspectiva.com.br

2020

Em memória de
ROMAN JAKOBSON (1896-1982)
poeta da linguística

SUMÁRIO

- 15 Sobre Esta Edição
      [Augusto de Campos]
- 18 Nota dos Tradutores
- 21 A Vladímir Maiakóvski
      [Marina Tzvietáieva, 1921]
- 22 Confissão (Estilo Rude)
      [Vielimir Khlébnikov, 1922]
- 24 Do Ciclo "Maiakóvski"
      Encontro de Maiakóvski e Iessiênin no Outro Mundo
      [Marina Tzvietáieva, 1930]
- 29 Maiakóvski: Evolução e Unidade
      [Boris Schnaiderman]
- 51 Eu Mesmo – Maiakóvski
      [Tradução de Boris Schnaiderman]
- 85 Suplemento Biográfico
      [Boris Schnaiderman]

POEMAS DE MAIAKÓVSKI

- 90 Noite (1912)
- 91 Noite (1912) [2ª versão]
- 92 Manhã (1912)
- 94 Porto (1912)
- 95 De Rua (1913)

96	De Rua em Rua (1913)
98	Eu (1913)
100	Algum Dia Você Poderia? (1913)
101	Às Tabuletas (1913)
102	Teatros (1913)
103	Algo em Petersburgo (1913)
104	Algo em Petersburgo (1913) [2ª versão]
105	Quadro Completo da Primavera (1913)
106	Amor (1913)
107	Ruidinhos, Ruídos e Ruidaços (1913)
108	A Cidade Infernal (1913)
109	Tó Pra Vocês! (1913)
110	Não Entendem Nada (1913)
111	Blusa Fátua (1913)
112	No Automóvel (1913)
113	Balalaica (1913)
114	E no Entanto (1914)
115	Ainda Petersburgo (1914)
116	A Mãe e o Crepúsculo Morto Pelos Alemães (1914)
118	A Flauta-Vértebra (1915)
121	A Vocês! (1915)
122	Hino ao Juiz (1915)

124	Hino ao Sabe-Tudo (1915)
126	Hino ao Crítico (1915)
128	Hino à Comilança (1915)
130	Algo Sobre um Maestro (1915)
131	Lílitchka! (1916)
134	Escárnios (1916)
135	Come Ananás (1917)
136	Nossa Marcha (1917)
137	Nacos de Nuvem (1917-1918)
139	A Extraordinária Aventura Vivida Por Vladímir Maiakóvski no Verão na *Datcha* (1920)
145	Ordem nº 2 ao Exército das Artes (1921)
148	De "V Internacional" (1922)
149	De Sobre Isto (Fragmento): Balada do "Reading Gaol" (1923)
153	De Sobre Isto (Fragmento): Repassando o Passado (1923)
158	Jubileu (1924)
172	Black & White (1925)
178	*Até Logo, Até Logo Companheiro* [Sierguiei Iessiénin, 1925]
180	A Sierguéi Iessiênin (1926)
188	Conversa Sobre Poesia Com o Fiscal de Rendas (1926)

201 "Incompreensível Para as Massas" (1927)
207 Carta a Tatiana Iácovleva (1928)
212 Carta de Paris ao Camarada Kostróv Sobre a Essência do Amor (1928)
219 A Plenos Pulmões (1929-1930)
230 Fragmentos (1928-1930)

APÊNDICE
237 Maiakóvski e o Construtivismo
[Haroldo de Campos]
247 Conversa Com Lília Brik
[Boris Schnaiderman]
253 Maiakóvski, 50 Anos Depois
[Augusto de Campos]
275 Sobre as Novas Traduções de Maiakóvski
[Augusto de Campos]

279 Nota Bibliográfica
280 Índice das Ilustrações

SOBRE ESTA EDIÇÃO

Ao escrever esta breve nota, já não tenho a companhia de Haroldo e Boris, os companheiros da equipe que, em 1967, em plena ditadura militar, publicou pela primeira vez entre nós uma coletânea do grande poeta traduzida diretamente do russo[1]. Desde 1982 acolhida pela editora Perspectiva, está em sua nona edição. Foi pensando neles que tive a ideia de ampliá-la de forma a que reunisse tudo o que traduzimos ao longo de nossas incursões na obra poética de Maiakóvski.

Para tanto, adicionei à coletânea os poemas maiakovskianos que foram reunidos em nossa antologia *Poesia Russa Moderna*[2], publicada em 1968 e também reeditada e ampliada sob o selo da Perspectiva, a partir de 2001, os quais não haviam sido incluídos nas edições anteriores do nosso *Maiakóvski*. E acrescentei também os doze poemas que vim a traduzir em 2015, numa nova visita à fase cubofuturista do poeta, a menos conhecida e divulgada[3].

Juntei ainda ao poema inicial de Marina Tzvietáieva sobre Maiakóvski dois outros poemas que a ele se referem. O de Vielimir Khlébnikov, "Confissão" (1922), que celebra a solidariedade de ambos, a construir "rudes vigas sobre o enxame dos humanos". E o de Tzvietáieva, "Encontro de Maiakóvski e Iessiênin no Outro Mundo", o sexto poema do ciclo que intitulou *Maiakóvski* (1930). Quando chegou a Paris a notícia da morte do poeta, ela se recusou a assinar uma carta aberta em que vários intelectuais

---

[1] *Maiakóvski - Poemas*, por Augusto de Campos, Haroldo de Campos e Boris Schnaiderman, Rio de Janeiro: Tempo Brasileiro, 1967. Foi a minha primeira capa (ver infra, p. 87), inspirada na capa de Ródtchenko para o livro *Maiakóvski Sorri, Maiakóvski Ri, Maiakóvski Zomba*, Moscou/Petrogrado, 1923 (ver infra, p. 233).

[2] *Poesia Russa Moderna*, por Augusto de Campos, Haroldo de Campos e Boris Schnaiderman), Rio de Janeiro: Civilização Brasileira, 1968; 2. ed. ampliada, São Paulo: Brasiliense, 1985; 3. ed. ampliada, São Paulo: Perspectiva, 2001.

[3] Cf. Sobre as Novas Traduções de Maiakovski, infra, p. 275.

russos exilados procuravam desmerecer o poeta. Ao contrário, dedicou-lhe aquela série de textos poéticos em sua homenagem, o que desagradou profundamente os círculos de emigrados. No sexto poema de tal conjunto (o ponto alto de sua poesia política, segundo Simon Karlinsky), ela imagina um encontro póstumo entre Maiakóvski e Iessiênin, no qual eles – nas palavras do crítico – terminam por concordar em "explodir o Paraíso com uma granada". Esse poema, datado de agosto de 1930, só veio a ser "liberado" pela antiga União Soviética em junho de 1988, na revista *Nóvi Mir* (Novo Mundo). Elaborada a partir do texto russo, com base em tradução literal de Boris Schnaiderman, a minha recriação procura manter ao máximo as características da linguagem peculiar de Tzvietáieva, que infunde vigor incomum ao poema, um dos seus textos mais concisos e contundentes. O "Paraíso" ao qual se destinam as granadas dos poetas, no complô imaginário de Tzvietáieva, é, à evidência, a própria URSS. Triálogo de suicidas, patético ideograma da poesia russa, da "geração que dissipou seus poetas". Iessiênin se matara em 1925, aos 30 anos. Maiakóvski, em 1930, aos 36 anos. Ela poria fim à sua vida em 1941, aos 48. Um espantoso e trágico recorde de suicidas, todos eles grandes poetas.

Sobre a morte de Maiakóvski, o "arcanjo sólido, passo firme, batizado a fumaça e a fogo", o "trovão pedregoso", o "arcanjo carreteiro", que "trocou pela pedra mais fosca o diamante lavrado e sem jaça", conforme as palavras do poema que lhe dedicou em 1921 (citado aqui na tradução de Haroldo de Campos), diria ela mais tarde, no estudo *A Arte à Luz da Consciência*:

> Vladímir Maiakóvski, depois de ter servido por doze anos, ininterruptamente, com fé e verdade, com alma e corpo – *Toda a minha sonora força de poeta / a entrego a ti, classe em combate!...* – terminou melhor que com uma

poesia lírica – com um lírico tiro de revólver. Por doze anos sem trégua o homem Maiakóvski tinha atentado, dentro de si mesmo, contra a vida do poeta Maiakóvski; no décimo terceiro o poeta se rebelou e matou o homem. Se naquela vida há suicídio, não é ali onde o veem – e não durou só o instante de apertar o gatilho, mas doze anos de vida. Nenhum censor, nem mesmo o mais poderoso, de Púschkin fez a justiça sumária que Maiakóvski fez a si próprio. Se naquela vida há suicídio, não é um só, mas dois: e ambos não são suicídios – o primeiro é um ato heroico, o segundo – uma festa. Vitória sobre a natureza e celebração da natureza. Maiakóvski viveu como um homem e morreu como um poeta.

Que esse renovado Maiakóvski continue a trazer aos seus muitos admiradores, em forma e alma, a chama de sua poesia revolucionária e de seus sonhos de um mundo mais humano e menos desigual.

AUGUSTO DE CAMPOS

NOTA DOS TRADUTORES

Os poemas constantes desta antologia foram traduzidos segundo percursos diferentes. Ou foram vertidos diretamente do original por Augusto ou Haroldo de Campos, e em seguida revistos por Boris Schnaiderman, ou foram traduzidos literalmente por este e depois retrabalhados, em confronto com o original, por um dos poetas da equipe. Neste último caso, o nome de Boris Schnaiderman é acrescido ao dos poetas, no registro da autoria da tradução, ao fim de cada peça.

A VLADÍMIR MAIAKÓVSKI

MARINA TZVIETÁIEVA (1892-1941)

Acima das cruzes e dos topos,
Arcanjo sólido, passo firme,
Batizado a fumaça e a fogo –
Salve, pelos séculos, Vladímir!

Ele é dois: a lei e a exceção,
Ele é dois: cavalo e cavaleiro.
Toma fôlego, cospe nas mãos:
Resiste, triunfo carreteiro.

Escura altivez, soberba tosca,
Tribuno dos prodígios da praça,
Que trocou pela pedra mais fosca
O diamante lavrado e sem jaça.

Saúdo-te, trovão pedregoso!
Boceja, cumprimenta – e ligeiro
Toma o timão, rema no teu voo
Áspero de arcanjo carreteiro.

1921 [HAROLDO DE CAMPOS]

CONFISSÃO (Estilo Rude)

VIELIMIR KHLÉBNIKOV (1885-1922)

Não, isto não é brincadeira!
Flores não têm olho vivo.
É destino. É destino.
Ve-ve[1], Maiakóvski! – Eu e você,
Nós, como se diz em sovietês,
Balbuciarmos num único bagulho?
Em re-so-fe-so-ru[2],
No tatibitate do tatibicionário?
Fale francamente:
Kham![3]
Sejamos orgulhosos ambos
Da severa sorte do som.
Restaremos os dois, de pé,
Junto à árvore do silêncio,
Ensopados de assobios.
Aos turcos da dúvida
Enxotaremos
Como Jan Sobieski[4]
Os enxotou de Viena.
Reis de Ferro,
As coroas de ferro
De Cam
Pesadamente poremos na cabeça.
E – abram-se os sabres!
Das baínhas de antanho – luzam,
Reluzam!
Jazei, dias de paz!

1 Ve-Ve, iniciais do nome de Maiakóvski (Vladímir Vladimiróvitch) e dos prenomes dos dois poetas (Vielimir/Vladímir).

2 Re-so-fe-so-ru, abreviação de República Socialista Federativa Soviética.

3 *Kham*, a palavra, que contém as iniciais do sobrenome Khlébnikov e do prenome Maiakóvski, significa em russo "grosseiro", "canalha", "pessoa rude". É também nome próprio – o nome bíblico do filho de Noé (em português, Cam ou Cão), amaldiçoado pelo patriarca por ter contemplado sua nudez e escarnecido dela. Khlébnikov faz alusão ao livro *Griaduschi Kham* (O Kham Vindouro), publicado em 1906 por Dmitri Merezhkóvski (1865-1941), literato russo ligado aos círculos místico-filosóficos da

Psst!
Jazei, velhas jeremiadas, Merejkóvski.
Ele gemia, pai da nossa gentileza.
Os sons são
Os instigadores da vida.
Responderemos orgulhosamente
Com cantos loucos
À face do céu.
Sim, o vindouro
Não é um Cão, mas nós ambos.
Construiremos rudes vigas
Sobre o enxame dos humanos.

época. Rompendo com o regime comunista, Merezhkóvski se exilou, em 1917, em Paris, onde veio a morrer. No livro citado, ele profetizava a vitória do populacho, da canalha, na qual incluía os "futuristas". Em *Kham* ele vislumbrava a alegoria de um novo "anticristo", um "escravo reinante", um falso rei que dominaria o mundo. As "profecias" apocalípticas de Merezhkóvski eram objeto do sarcasmo dos cubofuturistas como Maiakóvski e Krutchônikh e, como se vê, do próprio Khlébnikov, que, por sua vez profético, assume a "coroa de ferro" de Kham e a condivide com seu companheiro de lutas, Maiakóvski, em nome de todos os poetas, "presidentes do globo terrestre".

4 Jan Sobieski, soberano polaco que derrotou os turcos em Viena (1683).

DO CICLO "MAIAKÓVSKI"
ENCONTRO DE MAIAKÓVSKI E IESSIÊNIN NO OUTRO MUNDO

MARINA TZVIETÁIEVA (1892-1941)

> Grãos cor de fogo eu pus
> Na palma da mão,
> Para ele vir num vórtice de luz
> Rubro como um vulcão.

Qual chefão de partido
Com todo o seu cabido…
– Sierioja, como vai?
– Como vai, caro Vlad?

– Cansado? – Menos mal.
– Problemas? – De família.
– Tiros? – É trivial.
– Fogo? – Que maravilha!

– O que houve, de verdade?
– Um passe de magia?
…Sierioja, quem diria!
É, quem diria, Vlad!

– Você se lembra o quanto
Com sua voz de baixo
Você me punha abaixo
E me arrasava? – Tanto

Faz… – Olha a catraia
Que é o seu barco de amor!
Por causa de uma saia?
– Por vodca é pior.

A carantonha inchada.
E o gatilho na mira?
Sierioja, quem diria.
– É, quem diria, Vlad.

Nem navalha nem porre.
Operação polida.
A carta foi batida?
O sangue ainda escorre.

– Coloque uma ventosa.
– Também serve colódio.
– Apliquemos, Sierioja?
– Apliquemos, Volódia.

Mas o que é que acontece
À nossa Rússia amada?
– Onde? – Na URSS
O que há de novo? – Nada.

Pais – como sempre – geram.
Sabotadores – triscam.
Editores – imperam.
Escritores – rabiscam.

Basta uma ponte nova
Que a arrastam no caudal.
É sempre igual, Sierioja!
– Volódia, é sempre igual.

E a matilha canora?
– São, você sabe, uns zeros!
Ainda nos tecem louros
Em seus festins funéreos.

Empurram. Velha Rosta
Sob a laca da crosta.
E não basta o destaque
De um só Pasternak.

Vamos tirar a prosa
Dessa papa seródia.
Mãos à obra, Sierioja?
– Mãos à obra, Volódia!

Ainda jorram-se ao solo…
– E o que há com nosso grande
Alex Aleksandr?
– E ali – de anjo! – Solo-

Gub? – Lá se vai:
No canal, arquejante.
– Gumiliov, Nicolai?
– No Oriente.

(Na lona ensanguentada
De uma carroça cheia)
– Sempre o mesmo, Sierguéi.
– É, sempre o mesmo, Vlad.

E já que é sempre o mesmo,
Volódia, meu irmão,
De novo as mãos usemos,
Embora já nem mão

Nos reste.
           – Sim, sem nada,
Mano, vamos minar
Este reino sem czar
Com mais uma granada!

E sobre a madrugada
Por nós inaugurada
Sierioja, uma granada!
– Uma granada, Vlad!

MAIAKÓVSKI: EVOLUÇÃO E UNIDADE

BORIS SCHNAIDERMAN

Já se afirmou muitas vezes ser Maiakóvski intraduzível, pois o emprego que ele faz do coloquial é tão específico, tão característico de um momento e de uma situação, que seria vão qualquer esforço de reproduzir sua obra integralmente em outra língua. O próprio poeta frisou, no prefácio a uma coletânea de seus versos em polonês[1], as dificuldades de uma tradução desse tipo. No entanto, justamente essa dificuldade representa um desafio que deve ser enfrentado. Se não encontramos correspondências exatas entre o coloquial russo e a linguagem cotidiana de outros países, temos de procurar as soluções que mais se aproximem desse ideal, e que possam comunicar não apenas o sentido de uma expressão, mas também o tom, a atmosfera, o conjunto da realidade de um texto, o que implica, como fator essencial, uma elaboração formal correspondente àquela que lhe deu origem.

De acordo com a afirmação de Paulo Rónai de que a tarefa do tradutor consiste justamente em "traduzir o intraduzível"[2], tivemos a preocupação de reproduzir em português os mesmos procedimentos que Maiakóvski utilizou em russo. Pouco adiantaria transmitir apenas o conteúdo de seus poemas, pois traduções desse tipo tornaram-se responsáveis pela impressão que alguns leitores têm, em nosso meio, de que Maiakóvski teria sido um poeta gritador e retórico, sem maiores contribuições à linguagem poética. A tradução como recriação, no caso, constitui o caminho da verdadeira fidelidade ao texto. O arrojo poético de Maiakóvski, ao

[1] Włodzimierz Majakovskij, *Wybór Poezyj*, Warszawa: Spółdzielnia Księgarska "Książka", 1927 (Vladímir Maiakóvski, *Poemas Escolhidos*). O texto original do prefácio aparece no volume XII de Vladímir Maiakóvskii, *Polnoe Cobrenie Sotchinenii v13 Tomakh* (Obras Completas em 13 Volumes), Moscou: Academia de Ciências da URSS, 1955-1961.

[2] Paulo Rónai, *Escola de Tradutores*, Rio de Janeiro: Educom, 1976 (4. ed.).

lidar com os recursos da língua russa, deve ser acompanhado em outra língua também com arrojo e violência. A tradução de modo algum pode prescindir da invenção. E esta deve basear-se numa riqueza de procedimentos que a própria evolução literária permite. Estamos certos de que, hoje em dia, uma tradução desse tipo tem de utilizar os meios que foram introduzidos em nossa linguagem poética nos últimos anos, e que são os únicos capazes de transmitir a importância da revolução literária levada a efeito na Rússia nas décadas de 1910 e 1920. É preciso abordar Maiakóvski em toda a complexidade e riqueza da obra que nos deixou, e o presente volume representa uma tentativa neste sentido.

Se na poesia russa moderna[3] Khlébnikov foi o grande desbravador de novos caminhos (não era por acaso que Maiakóvski o considerava seu mestre), se Iessiênin expressou como ninguém a velha Rússia patriarcal e camponesa e o choque desta com a nova civilização industrial, se Boris Pasternak soube utilizar toda a nova orquestração criada pelas escolas de vanguarda e incorporá-la ao verso tradicional russo, se Eduard Bagrítzki, Óssip Mandelstam, Ana Akhmátova, Marina Tzvietáieva, Iliá Selvínski e Nicolai Zabolótzki tiveram tantos momentos de poesia autêntica, Maiakóvski é quem apresenta uma obra que se destaca pela marca pessoal, pelo vigor expressivo, pela criação de algo absolutamente novo, e quem a coloca diante do leitor como um todo organizado e coerente. Sua poesia é sempre hiperbólica, descomunal. Quase nunca procura a suavidade. Áspero e revoltado, exigente consigo e com os demais, é bem o representante típico daqueles que "pisavam a garganta do seu canto", conforme se expressou em "A Plenos Pulmões".

Revolucionário nas concepções sociais e na forma que utilizou, desabusado, amigo do palavrão e do coloquial, poeta das ruas,

[3] Compreendida como a poesia posterior ao período de predomínio do simbolismo.

dos comícios, das salas de conferências, Maiakóvski aparece-nos como um dos artistas mais coerentes que jamais existiram.

A impetuosidade e o estrépito de seus versos eram conseguidos através de um artesanato minucioso e consequente, conforme se constata, por exemplo, pelos apontamentos que deixou. Os artigos de jornal, os escritos de poética (entre os quais o admirável "Como Fazer Versos?[4]"), as peças de teatro, os roteiros de cinema, os cartazes, são outras tantas facetas da mesma personalidade vigorosíssima, constituem momentos de expressão do mesmo tumulto criador.

No decorrer de sua obra, há uma evolução de formas e uma constância, uma expressão de novas realidades e uma exaltação da mesma realidade essencial. Numa literatura cujos maiores representantes se distinguiram frequentemente pela veemência com que viveram as suas contradições, ele não procurou outra glória senão a de expressar, com o máximo de vigor e apuro, o seu momento, a sua revolução, o seu desafio ao que é perecível, mesquinho, limitador.

Justamente por renegar a poética tradicional, com a contagem de sílabas e de pés, exigia de si e dos poetas modernos em geral um esforço maior. "Eu não forneço nenhuma *regra* para que uma pessoa se torne poeta, para que escreva versos. E, em geral, tais regras não existem. Damos o nome de poeta justamente à pessoa que cria estas regras poéticas" – escreveu em seu famoso ensaio[5]. E, no caso de Maiakóvski, havia para este fim toda uma rica orquestração, em que entravam aliterações, assonâncias em geral, dissonâncias, combinações sonoras pesquisadas em cada frase, em cada palavra. Atribuía grande importância à rima, que devia ser inusitada e afastar-se o mais possível dos clichês poéticos

---

[4] Este foi traduzido por mim e incluído em meu livro *A Poética de Maiakóvski Através de Sua Prosa*, 2. ed. revista e ampliada, São Paulo: Perspectiva, 2014, p. 195-238.

[5] Ibidem, p. 197.

estabelecidos pelas gerações precedentes. Essas rimas inusitadas, frequentemente rimas por assonância, formam-se muitas vezes pela justaposição de duas ou mais palavras, o que permitiu uma exploração absolutamente nova dos recursos sonoros da língua russa, embora o procedimento como tal já existisse na tradição popular e tivesse sido utilizado pela poesia humorística anterior e, sobretudo, por Khlébnikov. Segundo confessou, chegava a escrever sessenta variantes do mesmo verso, pesquisando mais de uma vez, conforme exemplificou no ensaio já referido, as melhores sonoridades, a adequação mais perfeita entre a estrutura sonora e o tema.

Mais de uma vez, a sua obra foi aceita parcialmente, com rejeição em bloco de partes essenciais. Por exemplo, Boris Pasternak, em seu *Ensaio Autobiográfico*[6], manifesta especial predileção pelos versos maiakovskianos anteriores à Revolução, mas considera desprezível, "inexistente", tudo o que ele escreveu a partir de 1918, com exceção de um "documento imortal": "A Plenos Pulmões". Diversos críticos soviéticos que exaltaram Maiakóvski fizeram restrições justamente aos versos daquele primeiro período, como "formalistas" e "futuristas". Mas, a nosso ver, a obra de Maiakóvski tem de ser considerada como um todo. Vemos uma espécie de fio condutor ligando os seus primeiros versos aos últimos poemas. A evolução de formas, as mudanças de visada, são apenas múltiplos aspectos da mesma realidade poética, que se apresenta num desenvolvimento contínuo. O Maiakóvski futurista, que usava blusa amarela, é o mesmo poeta da Revolução, consciente e desafiador, assim como os poemas que escreveu nas vésperas da morte trazem a marca dos mesmos procedimentos poéticos, originalíssimos e altamente elaborados, que pôs em prática a partir de 1912.

[6] Publicado pela primeira vez em russo no periódico *Nóvoie Rúskoie Slovo* (Nova Palavra Russa), Nova York, janeiro de 1959. Existem várias traduções ocidentais.

Ao selecionar os poemas para traduzir, baseamo-nos justamente num afã de apresentar a continuidade e a permanência que há na obra de Maiakóvski, a par de uma evidente alternância de formas poéticas.

Isto se evidencia a partir de "Noite", que o poeta definiu como o seu primeiro "profissional, publicável"[7], escrito aos dezenove anos e incluído no almanaque dos futuristas, *Bofetada no Gosto Público,* que saiu em dezembro de 1912. Percebe-se nesse texto um verdadeiro jogo de aproximação e afastamento em relação à poética tradicional e um vigor de imagens que ajudam a compreender o apreço de Pasternak por esses poemas.

"Manhã" é da mesma época e também foi publicado no almanaque dos futuristas. O trabalho de Augusto de Campos mostra a riqueza de recursos com que então Maiakóvski já contava, na apresentação de uma paisagem urbana estranha, vista de maneira personalíssima (entre esses recursos, figurava o das rimas em eco; na tradução: "través-através, no ar-troar etc.).

"Porto" é um poema rigorosamente metrificado (na tradução, adotou-se um esquema polimétrico, que gira em torno do decassílabo). Tal como em "Noite", mas de modo ainda mais categórico, a estranheza aparece sublinhada pelo contraste entre as imagens ousadas e os elementos tradicionais na construção do poema, o que se constata igualmente em "De Rua".

Em "De Rua em Rua", há uma conjugação de jogos sonoros e jogos de imagens, criando uns e outros uma visão fantasmagórica da cidade. Foi devido à preocupação de recriar em português o efeito sonoro do original que Augusto de Campos, em sua tradução, usou expressões como as dos primeiros versos do poema, onde, por exemplo, aparece: "dos/anos/sona-/dos", repetindo-se assim o procedimento do verso palíndromo, de Khlébnikov e Maiakóvski chamado em

[7] Na autobiografia "Eu Mesmo", traduzida por mim, infra p. 51.

russo *piérevierten* (de inversão). Também o jogo entre "elevador" e "a dor leva" (versos 28 e 29) contribui para o efeito desejado. Estes jogos de palavras não têm nada de gratuito, eles constituíram para Maiakóvski uma utilização consciente dos recursos do idioma e uma tentativa de relacionar de modo inovador o som, a imagem e o sentido de um texto poético.

"Eu" tem uma disposição espacial que é fundamental para a apreensão do texto. Ela foi completamente subvertida na edição das *Obras Completas* em que se basearam as nossas traduções. Na referida edição, cada volume contém as variantes conhecidas dos textos, mas, em relação a este poema, somente se consideraram ali aquelas em que houve substituição de palavras. Este menosprezo pela disposição espacial dada pelo poeta na edição inicial é bem sintomático do espírito acadêmico que orientou a edição das *Obras Completas* e resulta, sem dúvida, numa deturpação. A tradução de Haroldo de Campos baseia-se no manuscrito autógrafo do poeta, reproduzido por Herbert Marshall em *Mayakovsky,* Londres: Dobson, 1965.

"Algum Dia Você Poderia?" nos dá outro exemplo do alto poder imagético do jovem Maiakóvski. Aliás, já se frisou mais de uma vez que os poetas de seu grupo, os cubofuturistas, tinham sido pintores ou desenhistas antes de se afirmar na literatura, e que alguns continuaram a dedicar-se às artes plásticas, paralelamente à poesia. "Eu Mesmo" nos dá um testemunho bastante veemente neste sentido. Costuma-se lembrar que as imagens dos cubofuturistas são de ordem plástica, enquanto as dos simbolistas russos são mais próximas da música.

Seguem-se dois poemas curtos, também do tão fecundo ano de 1913, e que foram escritos no verso de um retrato do poeta. O segundo ("Balalaica") permaneceu inédito até 1961, quando apareceu na edição das *Obras Completas* já citada. Depois de escrito, ele foi reduzido a alguns dos seus elementos essenciais, conforme indicamos tanto na tradução como na transliteração, figurando em ambas, entre colchetes, as partes eliminadas. Tem-se assim um exemplo característico da honestidade artesanal de Maiakóvski. Depois de escrever um poema altamente elaborado, desbastou-o, eliminou dele determinado tipo de musicalidade, tornou-o mais abrupto, menos suave. A tradução brasileira, que só pode ser bastante livre, a fim de recriar a sonoridade do original, permite, como este, a dupla leitura.

Aliás, esta liberdade no traduzir encontra sua justificação na opinião do próprio Maiakóvski sobre o problema. Rita Rait, que foi sua amiga e traduziu para o alemão a peça *Mistério-Bufo*, narra em suas interessantes memórias, incluídas no livro *Maiakóvski nas Reminiscências dos Contemporâneos*[8], que ele ficava particularmente satisfeito quando a tradução era feita segundo os seus procedimentos de criação poética e chegava a tolerar um afastamento considerável do significado estrito dos vocábulos originais.

"No Automóvel" é um dos exemplos admiráveis de como a poesia de Maiakóvski transmitia uma visão do fragmentário da vida urbana, por meio de fragmentação da linguagem. Não é casual a divisão da palavra "correio" em dois versos alternados, como tem um sentido sério a imagem das letras isoladas, do "O" e do "S", ora cuspidas pelos anúncios, ora apreendidas de tal maneira que adquirem existência própria e características de seres animados.

"A Mãe e o Crepúsculo Morto Pelos Alemães" reflete o impacto das primeiras notícias da guerra. Como se vê, a alta elaboração formal acompanhava em Maiakóvski, passo a passo, a sua identificação com o mundo, com a época. Nenhuma impassibilidade, nenhuma frieza, e sim a mais completa participação nos problemas de seu tempo.

[8] *Maiakóvski v vospominániakh sovriemiênikov*, Moscou: Goslitizdát (Editora Literária Estatal), 1963.

"A Flauta-Vértebra" (literalmente: flauta-espinha dorsal) é um poema um tanto longo, do qual damos apenas o Prólogo. Nesse poema se entrelaçam impressões do poeta resultantes de sua paixão por Lília Brik, mulher de seu amigo e companheiro de lutas literárias, Óssip Brik, e visões da guerra, do mundo em convulsão. A ideia de suicídio, que aparece no Prólogo, tornar-se-ia quase uma constante na obra maiakovskiana.

"A Vocês!" é tipicamente um poema de desafio, como tantos outros em sua obra, e teve esta função na prática. Na noite de 11 de fevereiro de 1915, Maiakóvski o disse no cabaré artístico O Cão Vadio. Aquela bofetada no público burguês, ao qual se lembrava a imoralidade de sua vida boêmia, no momento em que o soldado russo morria nas frentes de combate, provocou indignação geral entre os frequentadores do cabaré. Em suas reminiscências, Maiakóvski relata que O Cão Vadio por pouco não foi fechado, por causa daquela noite de poesia[9].

O mesmo papel de poema-desafio desempenhou o "Hino ao Juiz", que nos aparece com tão pungente atualidade. Faz parte de uma série de "hinos", cuja tônica é um vergastar das hipocrisias sociais. Esta virulência do poeta aparece plenamente no "Hino ao Crítico".

O poema "Lílitchka – Em Lugar de uma Carta" figura entre os inúmeros que dirigiu a Lília Brik, e onde os arroubos mais tempestuosos se misturam a dúvidas e amarguras. Desenvolvendo-se tipicamente como uma carta de amor, é ao mesmo tempo uma vergastada nos chavões dos escritos no gênero, uma anticarta. Realmente, uma carta de amor que fala em "boi morto no trabalho" e "elefante cansado"… Repare-se na onomatopeia do final, em que se fala das "folhas secas

[9] Os cabarés artísticos e os teatrinhos de variedades, com uma programação vanguardista, constituíram uma das características da vida intelectual da época. Uma descrição muito viva desses espetáculos pode ser encontrada no terceiro capítulo de *Il trucco e l'anima* de Angelo Maria Ripellino, Turim: Einaudi, 1965 (ed. bras.: *O Truque e a Alma*, São Paulo: Perspectiva, 1996). Muitas outras obras referem-se a essas manifestações artísticas, inclusive o romance *Dan Iack* (*Le Plan de l'aiguille*), de Blaise Cendrars (Paris, 1960), citado por Ripellino.

destes versos" e do "passo que se apressa", e a sonoridade repete a semântica daquelas linhas. No caso, Augusto de Campos reproduziu em português um efeito que ocorre no original. Neste, ele é reforçado ainda por um anagrama. "Acaso as folhas secas destes versos" soa em russo como: *Slov moikh sukhie listia li* (literalmente: "Acaso as folhas secas das minhas palavras"), aparecendo, pois, repetida a sílaba "li", dando o nome "Lili", uma variante de "Lília". Na realidade, o verso "arrelvar numa última carícia", com o "l" no início, repetido em "última", e a reiteração do "i" no final, na tradução brasileira, nos dá uma espécie de eco de "Lília".

"Escárnios" evidencia que em Maiakóvski a poesia mais elevada aliava-se frequentemente a uma polêmica de jornal. Sua personalidade poética manifestava-se nas mais diversas formas, e o emprego das chamadas palavras e expressões "não poéticas" era acompanhado de um desprezo pela divisão convencional em gêneros "superiores" e "inferiores". Difundir poesia através da imprensa cotidiana, do anúncio de um produto, ler poemas pelo rádio – eis algumas modalidades que assumiu a atividade poética de Maiakóvski. Sua atuação no cinema, no teatro, no circo, seu interesse pela "comunicação de massa", nas formas existentes na época, mostram bem como ele compreendia a função do poeta no mundo moderno: ligado à linguagem coloquial e utilizando os meios de difusão que a civilização industrial proporciona, tudo isto com um máximo de expressividade.

Neste poema, a referência aos porcos que "escavam com seus focinhos" as raízes da árvore que os alimentava, constitui referência a uma fábula muito conhecida de I.A. Krilóv, *O Porco Sob o Carvalho*.

"Come Ananás" é um exemplo de poesia de luta. Jornais dos dias da Revolução de Outubro noticiaram que os marinheiros revoltados investiam contra o Palácio de Inverno cantando estes versos. É fácil de compreender sua popularidade: o dístico incisivo, de ritmo tão martelado, à feição dos provérbios russos, fixava-se naturalmente na memória e convidava ao grito, ao canto.

Em "Nossa Marcha", constata-se que a mesma elaboração formal dos primeiros poemas de Maiakóvski aparece nos seus textos revolucionários. Se o poeta jovem era "formalista", como se chegou a escrever mais de uma vez, o outro também o era e, em ambos os casos, deve-se considerar o sentido elevado do termo. A plena participação, a luta, não anulavam o trabalhador incessante do verso.

"Nacos de Nuvem" foi escrito para uma edição de versos de Maiakóvski destinada a crianças, mas a coletânea não chegou a ser publicada.

A comunicação com o público infantil constituiu preocupação acentuada do poeta. Em 1925-1929, escreveu diversos poemas, que se publicaram como livros para crianças. Neles é evidente a busca de um novo tipo de escrita para o público infantojuvenil, mas não chegou a criar um acervo neste sentido.

"Ordem n. 2 ao Exército das Artes" é bem a expressão áspera de um tempo feroz. As brigas literárias de Maiakóvski fundem-se ali com a grande briga política. As posições defendidas neste poema foram afirmadas por ele em outros versos, em cartazes, nas intervenções públicas e nos artigos que escreveu.

"A Extraordinária Aventura Vivida Por Vladímir Maiakóvski no Verão na *Datcha*" marca mais uma vez a mistura do cotidiano e coloquial com o sublime, o inusitado, que está em toda a sua obra. A tradução de Augusto de Campos é uma verdadeira transposição no espaço e no tempo e me parece a maneira mais adequada de transmitir os textos de Maiakóvski: considerá-lo presente aqui e agora, mais do que transportar o leitor para a Rússia de 1920, embora isso também seja importante.

O fragmento do poema inacabado "V Internacional" nos dá uma definição muito clara da exatidão que há na poesia de Maiakóvski. O arrebatamento, a violência, as hipérboles, se expressam numa linguagem que busca a "precisão das fórmulas matemáticas". "Eu ainda falo versos, e não fatos" manifesta uma preocupação da época: desejava-se uma arte que transmitisse o acontecimento real, imediato, de maneira direta e incisiva. A mesma preocupação aparece nos contos de Isaac Bábel, nos filmes de Dziga-Viertov etc.

"Black and White" é um dos seus poemas de viagem. Foi escrito em Havana, em julho de 1925. A agressividade da obra do poeta através do tempo é atestada por um episódio relacionado com este escrito. Em 1947, foi editada em Berlim uma coletânea de versos de Maiakóvski, traduzidos para o alemão. Quem ocupava então o cargo de alto-comissário dos Estados Unidos na Alemanha era Lucius Clay, filho do "rei dos charutos", a quem o poema alude. O general ordenou então a destruição de todos os exemplares do livro, na Zona Norte-Americana de Ocupação.

Ao mesmo tempo, esse texto marca bem a posição política de Maiakóvski, a plena aceitação por ele da linha partidária oficial, o que implicava necessariamente uma visão maniqueísta. Tudo isso torna mais trágico o seu momento de amargura, pouco antes de suicidar-se, expresso nas peças *O Percevejo*, com a sua visão crítica de um possível mundo socialista futuro, asséptico e insosso, e *Os Banhos*, com os burocratas inimigos da poesia e do imaginário, os típicos homens do "aparelho" stalinista.

"Jubileu", dedicado a Púschkin, expressa bem a posição não só de Maiakóvski, mas de um grupo forte de poetas e teóricos que se recusavam ao culto, à veneração do poeta nacional russo. Esta mesma posição foi defendida em muitos outros escritos maiakovskianos. É aqui, porém, que ela surge mais explícita e completa, parece até gritada na face dos que se empenhavam em mumificar o mulato genial que foi Púchkin e que marcou, sem dúvida, no começo do século XIX, a grande virada na própria língua literária e poética dos russos.

"A Sierguéi Iessiênin" foi inspirado pelo suicídio do poeta (1895-1925), e Maiakóvski trabalhou nele perto de três meses. O lugar especial que lhe reservava entre as suas obras pode ser testemunhado pelo fato de que utilizou trechos do poema para explicar a sua maneira de escrever poesia, no ensaio "Como Fazer Versos?". Neste, ele transcreveu as diversas variantes de algumas linhas, explicando cada vez, minuciosamente, o porquê das escolhas da versão definitiva. Por exemplo, o verso "para o júbilo / o planeta / está imaturo" é dado em doze versões. Tem-se aí, sem dúvida, um dos melhores exemplos, em toda a bibliografia mundial, de um poeta que expõe aos leitores a sua oficina.

O poema expressa a reação ao suicídio de Iessiênin. Fora planejado como uma resposta aos versos que este escrevera, com sangue, depois de cortar os pulsos, num quarto do Hotel Inglaterra, em Leningrado, onde a seguir se enforcaria (dados aqui em tradução de Augusto de Campos):

> Até logo, até logo, companheiro,
> Guardo-te no meu peito, e te asseguro:
> O nosso afastamento passageiro
> É sinal de um encontro no futuro.
>
> Adeus, amigo, sem mãos nem palavras.
> Não faças um sobrolho pensativo.
> Se morrer, nesta vida, não é novo,
> Tampouco há novidade em estar vivo.

O final do poema de Maiakóvski constitui, realmente, uma resposta aos dois últimos versos da mensagem derradeira de Iessiênin. Mas, a par deste objetivo pragmático, esse texto representa um dos grandes momentos de dor humana da poesia de Maiakóvski, e nos dá realmente, ao lado de "A Plenos Pulmões", medida de sua estatura. Suas relações com Iessiênin tinham sido marcadas pela hostilidade (veja-se, neste sentido, uma passagem do poema "Jubileu", incluído neste livro). Maiakóvski julgava sobretudo perniciosa a influência de Iessiênin, com a sua exaltação da Rússia camponesa e seus versos que falam de tristeza e bebida. Mas, por ocasião da morte de seu opositor, o que escapa ao poeta é uma palavra altiva, de indignação e de fúria, contra os que tratavam o suicídio de Iessiênin de modo simplista.

Este poema foi o primeiro a ser traduzido, dentre os que figuram no presente volume. Haroldo de Campos começou a desincumbir-se dessa tarefa, após três meses de aprendizagem da língua russa. A tradução estava concluída em junho de 1961 e saiu publicada, com notas elucidativas do tradutor (que formam em conjunto um roteiro minucioso de seu trabalho), no número de julho-dezembro de 1961 da *Revista do Livro*[10]. Este trabalho de Haroldo de Campos deu origem à colaboração de que resultaria a antologia ora apresentada.

"Conversa sobre Poesia com o Fiscal de Rendas" é um dos poemas em que aparece a preocupação de Maiakóvski com o papel do poeta na sociedade. Ao mesmo tempo, esta preocupação social está ligada a uma alta preocupação estética: o poeta usa "milhões de toneladas de palavra-prima", para extrair uma só palavra definitiva. O revolucionário, o criador, é também o senhor do verbo, o pesquisador incansável. Nesse texto, aparecem concepções que

[10] O estudo publicado na revista com o título "Maiakóvski em Português: Roteiro de uma Tradução" foi modificado ligeiramente pelo autor e figura em seu livro *A Operação do Texto*, São Paulo: Perspectiva, 1976 (reeditado como *A ReOperação do Texto*, 2. ed., revista e ampliada, São Paulo: Perspectiva, 2013), intitulado: "O Texto Como Produção".

seriam desenvolvidas no ensaio "Como Fazer Versos?", bem como um *pathos* antiburocrático, que é constante em sua obra.

Pouco após a publicação do poema, ele travou outra "conversa" no gênero: um requerimento datado de 26 de agosto de 1929, em que pedia uma redução na taxa do referido imposto para o ano corrente. "A presente declaração – escreveu ele – não é casual, mas decorre de reflexão e foi deduzida por mim de todo o meu trabalho poético e teórico." O que ele pedia era simplesmente que, ao se estabelecer a taxa do imposto, o poeta fosse incluído na categoria dos trabalhadores. Aliás, a alusão no poema à multa de vinte e cinco rublos pela ausência de declaração constitui um protesto contra a inclusão do poeta na categoria dos "comerciantes e profissionais liberais", que estavam sujeitos a essa multa. No requerimento, escrevia ainda:

> Se eu não apresentei uma declaração, isto não se deve de modo algum a uma recusa de comunicar os meus ganhos, mas unicamente ao fato de que, na complexa produção poética, é quase impossível determinar exatamente os gastos de produção, ou mesmo estabelecer um método para o seu cálculo. Para este trabalho apenas iniciado, são necessárias verdadeiras pesquisas científicas.
>
> Em vista do exposto acima, em vez de apresentar uma declaração frequentei assiduamente o escritório do fiscal de rendas e forneci indicações sobre meus rendimentos e a percentagem das minhas despesas, em relação ao total dos ganhos.

Na mesma linha de preocupações, isto é, com o papel do poeta na sociedade, situa-se "Incompreensível Para as Massas", um dos muitos escritos em que Maiakóvski propugnou uma arte digna, elevada, sem concessões, pois o povo é que deveria ser educado para compreender a verdadeira poesia[11]. O tema refletia uma preocupação constante, conforme se pode constatar pelo seguinte fato, entre outros: na exposição "Vinte Anos de Atividade de Maiakóvski", organizada pelo poeta e pelos seus amigos, pouco antes de sua morte, havia um cartaz com os dizeres "MAIAKÓVSKI É INCOMPREENSÍVEL PARA AS MASSAS" (o "in" ficava quase perdido entre as maiúsculas) e uma montagem de recortes dos numerosos jornais em que ele colaborara[12].

O poema "Carta a Tatiana Iácovleva" ficou muitos anos inédito. Nele o poeta dirige-se a uma emigrada, que encontrou em Paris em 1928. Mas, não obstante os apelos veementes de Maiakóvski, ela não seguiu o seu conselho de regressar à pátria e casou-se com um diplomata francês e, depois, com um americano, fabricante de chapéus.

O texto figura num caderno com que o poeta presenteara a destinatária, e que pertence a Tatiana Iácovleva (ou, pelo menos, pertencia-lhe em 1958). A primeira referência ao poema apareceu num artigo de Roman Jakobson[13], acompanhado de um fac-símile do original. O texto russo foi divulgado também pela revista soviética *Nóvi Mir* (Mundo Novo)[14], seguido de uma nota de N. Reformátskaia, e depois incluído nas *Obras Completas* de Maiakóvski[15].

Diversas características de sua obra aparecem neste poema com extraordinário vigor e nitidez. N. Reformátskaia aponta-o como "um dos melhores exemplos da lírica de Maiakóvski, em que todo tema pessoal aparece como tema de significação social, e cada tema social, como pessoal". Com efeito, neste poema tem-se, parece-nos, o máximo

[11] Cf. o artigo "Operários e Camponeses Não Compreendem o Que Você Diz", cuja tradução aparece no meu livro *A Poética de Maiakóvski Através de sua Prosa*, já citado.
[12] Depoimento de A.G. Bromberg na coletânea de reminiscências já citada.
[13] *Harvard Library Bulletin*, v. XI, n. 2, Spring 1955.
[14] *Nóvi Mir*, abril de 1956.

possível de identificação dos temas individuais e sociais, quando Maiakóvski afirma estar enciumado não por si, mas pela "Rússia Soviética". O seu espírito revolucionário, o ódio ao mundo burguês, aliam-se aí admiravelmente ao sentimento pessoal e amoroso.

Já se escreveu muito sobre o jogo de imagens nos versos de Maiakóvski. Claude Frioux frisa que ele realizou "uma revolução total nos meios de expressão, e que marca uma reviravolta na poesia russa. A sua poesia é essencialmente a da voz e da imagem". Conforme assinala o mesmo autor, o poeta suprime "a primitiva charneira do 'como' e introduz a metáfora no próprio corpo, na sintaxe descritiva do fenómeno", o que sublinharia "a materialidade permanente de sua imaginação". E, ao mesmo tempo, "é a própria obsessão material que, pelo seu exagero, assume feições fantásticas. Como em Gógol, as personagens tornam-se fantasmas pela mera intensidade hiperbólica do traço descritivo"[16]. Esta visão hiperbólica, estes paroxismos no jogo das imagens, têm uma presença bem marcada na "Carta…". Nela, como aliás em muitos outros poemas (cf. "Nossa Marcha", neste livro), o gosto pela hipérbole, pelo descomunal, conduz imediatamente aos temas cósmicos.

O vocabulário coloquial, cuja importância Púchkin já sublinhara no começo do século XIX, é empregado por Maiakóvski com uma liberdade e riqueza, com uma leveza impossíveis nas épocas precedentes. É característico o uso que ele faz, na "Carta…" da locução francesa *tout beau,* com o sentido de *doucement, modérez-vous.* Ela é transcrita numa só palavra, em alfabeto cirílico, mas percebe-se facilmente em russo o que o poeta queria dizer, o significado da expressão sobressai no poema com surpreendente nitidez, embora seja algo restrito à gíria de caça: o grito com que se detinha o avanço dos cães, sentido, aliás, com que aparece no texto.

[15] Op. cit., v. IX, 1958.
[16] Claude Frioux, *Maiakovski par lui-même,* Paris: Seuil, 1961.

Mas não é só o vocabulário que se impregna de coloquial na obra de Maiakóvski. A própria sintaxe também segue a linguagem falada e chega a transgredir as regras escolares de gramática, quando isto permite maior expressividade. E. Pápierni sublinha que a frase "tenho ciúmes por" ("iá rievnúiu za"), gramaticalmente incorreta, era a única possível para exprimir o pensamento de Maiakóvski[17]. Exemplos semelhantes encontram-se facilmente em outros poemas seus.

As alusões bíblicas, tão comuns no ateu militante que ele foi, comparecem também nesse poema, sobretudo na referência ao ciúme "que remove montanhas". Conforme explicou Angelo Maria Ripellino, em seu importante *Majakovskij e il Teatro Russo d'Avanguardia*[18], trata-se de reminiscências dos contatos do poeta com V. Tchekríguin, ilustrador do seu primeiro livro de versos, e graças a cuja influência ele se apaixonou por ícones e histórias sacras.

O sarcasmo feroz que se alia ao épico e ao lírico, a alusão aos grandes temas humanos ("cem milhões andavam definhando", referente à fome após a Revolução), o gosto pelas cenas urbanas, a preocupação, em meio dos arroubos e devaneios cósmicos, com assuntos bem concretos, pragmáticos até ("falta-nos também gente de longas pernas"), são outras características deste poema que exemplificam traços inerentes a toda a obra maiakovskiana.

A tradução da "Carta..." incluída neste livro apareceu pela primeira vez no Suplemento Literário de *O Estado de S. Paulo*, em 29 de setembro de 1962, acompanhada de um artigo meu e outro de Haroldo de Campos.

O poema "A Plenos Pulmões", um dos últimos trabalhos de Maiakóvski, deveria ser a primeira introdução a uma vasta obra que, segundo vários testemunhos, seria dedicada ao Plano Quinquenal. Ele relatou o estado de

[17] E. Pápierni, *Poetitcheski óbraz u Maiakóvskovo* (A Imagem Poética em Maiakóvski), edição da Academia de Ciências da URSS, 1961.

[18] Tradução brasileira de Sebastião Uchoa Leite: *Maiakóvski e o Teatro de Vanguarda*, São Paulo: Perspectiva, 1971.

espírito em que o poema fora escrito, numa sessão dedicada ao vigésimo aniversário de sua atividade poética, em 25 de março de 1930:

> Nos últimos tempos, aqueles que estão irritados com o meu trabalho literário e jornalístico dizem, com muita frequência, que eu simplesmente esqueci como se escrevem versos, e que os pósteros vão dar-me uma coça por isto. Um comunista me disse: "Que importa a posteridade! Você vai responder perante ela, mas o meu caso é muito pior: tenho de responder perante o comitê de bairro. E isto é bem mais difícil". Sou uma pessoa decidida e quero eu mesmo conversar com os pósteros, sem esperar o que vão contar-lhes no futuro os meus críticos. Por isto, eu me dirijo diretamente à posteridade, no meu poema "A Plenos Pulmões"[19].

Incluímos aqui alguns fragmentos que foram encontrados entre os papéis de Maiakóvski e que, segundo o testemunho de amigos seus, deveriam fazer parte de uma segunda introdução, marcadamente lírica. Alguns não chegaram a ser espacejados, segundo a norma que seguiu a partir de 1923. O Fragmento 3 foi transcrito em parte no bilhete que deixou ao suicidar-se. Na primeira edição, figura, na tradução de Augusto, o verso: "o caso está encerrado", que foi interpretado assim em todas as traduções que eu conheço. No entanto, ficou-me em relação a ele uma dúvida. No original está: "o caso (ou "incidente") foi apimentado" – "Intzident ispiértchen", o que foi lido pelos tradutores para diversas línguas como um erro de imprensa (é verdade que em umas poucas traduções recentes, vi alusão a "um trocadilho no original", sem

---

[19] *Obras Completas* (já citadas), v. XII, 1959.

maiores explicações): o texto correto seria "Intzident istchérpan". Quando Jakobson esteve em São Paulo, em 1968, aproveitei a sua vivência pessoal da época e de tudo o que se relaciona com Maiakóvski e consultei-o sobre aquele verso. Explicou-me então que o poeta estava se referindo a uma anedota que circulava em Moscou, sobre um judeu que trocava sons em russo. Realmente, é impressionante que, mesmo na hora de se suicidar, ele não se conformasse em deixar no texto aquela imagem um tanto romântica da "canoa do amor", sem contrastá-la com um efeito humorístico. Até na hora da morte ele se manteve fiel ao que escrevera:

> mas eu
>   me dominava
>   entretanto
> e pisava
>   a garganta do meu canto.

   É por este motivo que na presente coletânea se lê: "o caso está enterrado", reproduzindo-se assim, na medida do possível, a estranheza do texto russo (outra solução proposta por Augusto: "o caso está emperrado").
   Este livro é uma seleção feita na vasta obra do poeta, com o propósito de transmitir determinadas características que nos parecem essenciais. A modernidade, a presença agressiva e atuante de Maiakóvski, mesmo em nossos dias, ficam, segundo acreditamos, mais ressaltadas desde que se faça um esforço para expressar a evolução e unidade que há em sua obra.

São Paulo,
junho de 1966/junho de 1982.

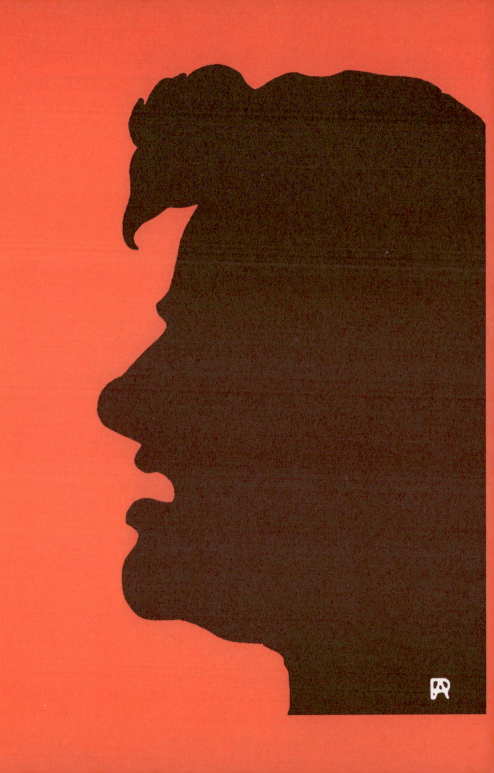

EU MESMOOMSEM UE

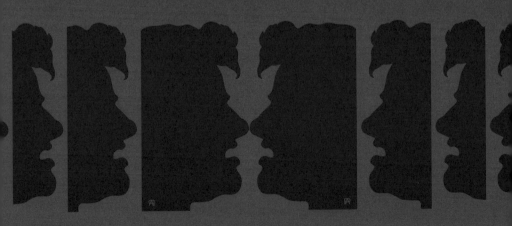

1   A parte da autobiografia¹ que vai até
    1922 foi publicada na revista *Nóvaia
    Rúskaia Kniga* (O Novo Livro Russo),
    de Berlim, em 1922, e depois figurou
    em diversas edições dos poemas. Em
    abril de 1928, Maiakóvski completou a
    redação de "Eu Mesmo" para o primeiro
    volume de suas *Obras Reunidas*,
    publicadas então pela Editora do
    Estado².

Tema

Sou poeta. É justamente por isto que sou interessante². E sobre isto escrevo. Sobre o restante: apenas se foi defendido com a palavra.

Memória

Burliuk dizia: "Maiakóvski tem memória igual às estradas de Poltava: quem se arrisca por lá, perde a galocha." Mas eu não lembro rostos nem datas. Só me lembro de que no ano 1100 certos "dórios" foram estabelecer-se não sei onde. Não me lembro dos pormenores desta ocorrência, mas deve ter sido ocorrência importante. Mas lembrar: "Isto foi escrito no dia 2 de maio. Pávlovsk. Repuxos." É absolutamente mesquinho³. Por isto, nado livremente em minha cronologia.

O Principal

Nasci em 7 de julho de 1894 (ou 93 – há divergência entre a opinião de mamãe e a da folha de serviço de meu pai. Em todo caso, não foi mais cedo). Local: a aldeia de Bagdádi, província de Kutaíssi, Geórgia⁴.

---

2 A afirmação constante do próprio eu aliava-se, em Maiakóvski, a uma consciência artesanal que fazia do poeta um dos servidores da sociedade, igual aos demais^c.

3 O belo livro de reminiscências do poeta O. Mandelstam, *O Rumor do Tempo*, de 1925, portanto, quando já estava publicado este texto de Maiakóvski, inicia-se justamente com reminiscências de Pávlovsk, cidadezinha a cerca de 25 quilômetros de São Petersburgo, lugar de veraneio rico em monumentos do século XVIII, onde, segundo Mandelstam, "reinavam Tchaikóvski e Rubinstein" e "os sinais de saída de trem misturavam-se com a cacofonia patriótica da *Ouverture 1812*" (p. 83 e 84). O livro de Mandelstam, uma evocação evidentemente proustiana é igualmente avesso ao espírito de anotação concreta e imediatista combatido por Maiakóvski^d.

4 Na realidade, Maiakóvski nasceu em 7 de julho de 1893 (19 de julho pelo Calendário Gregoriano, em vigor na União Soviética). A antiga aldeia de Bagdádi tem hoje o nome de Maiakóvski^e.

Composição da Família

Pai: Vladímir Constantínovitch (guarda florestal em Bagdádi), morreu em 1906.
Mamãe: Aleksandra Aleksiéievna.
Irmãs:
    a. Liuda.
    b. Ólia[5].

Outros Maiakóvskis, ao que parece, não há.

1ª Lembrança

Noções do pitoresco. O lugar é desconhecido. Inverno. Meu pai assinou a revista *Pátria*. Ela tem um suplemento "humorístico". As coisas engraçadas são discutidas e esperadas. Meu pai caminha e canta o seu eterno "Allons enfants de la por quatro"[6]. A *Pátria* chegou. Abro e logo (há uma gravura) berro: "Que engraçado! Titio está beijando titia." Deram risada. Mais tarde, quando chegou o suplemento e era preciso realmente rir, ficou claro: fora unicamente de mim que haviam rido. Assim divergiram as nossas noções sobre gravuras e sobre humor.

2ª Lembrança

Noções do poético. Verão. Chega um horror de gente. Um universitário bonito e delgado: B.P. Gluschkóvski. Desenha. Um cadernão de couro. Papel brilhante. No papel, um homem delgado sem calças (ou talvez de calças justas), diante do espelho. O homem se chama "Ievguienioniéguin"[7].

[5] Diminutivos de Liudmila e Olga, respectivamente. A família era russa, embora residissem na Geórgia.

[6] Segundo reminiscências de Liudmila Maiakóvskaia, irmã do poeta, citadas em o.c., i, 421, o pai gostava de cantar a Marselhesa em francês, e como as crianças não compreendessem o *Allons enfants de la patrie*, cantava *Allons enfants de la* "por quatro" (*patrie* parece o russo *pa tri*, por três) e perguntava: "Bem, está compreensível agora?"

[7] Alusão ao romance em versos de Púschkin, *Ievguiêni Oniéguin*. Nas ilustrações, a personagem central aparece geralmente de calças muito justas, segundo a moda no início do século XIX. O menino assimilara seu nome de acordo com a pronúncia corrente.

Bória[8] era comprido, e o homem desenhado também. Natural. Para mim, Bória era aquele mesmo. "Ievguienioniéguin". Esta opinião se manteve uns três anos.

3ª Lembrança

Noções do prático. Noite. Atrás da parede, um murmúrio infindável de papai e mamãe. A respeito do piano de cauda. Não dormia noite inteira. Uma frase martelava-me sem cessar. De manhã, saí numa corrida: "Papai, o que quer dizer prorrogação de dívida?" A explicação agradou muito.

Maus Hábitos

Verão. Número assustador de visitas. Os aniversários se aglomeram. Meu pai se vangloria de minha memória. Obrigam-me a decorar versos para cada aniversário. Lembro-me de uns decorados especialmente para o aniversário de papai:

> Certa vez, perante a turba
> Das montanhas conjugadas...[9]

Eu me irritava com aquele "conjugadas" e com o acento diferente em "montanhas"[10]. Eu não sabia quem eram elas, e não queriam encontrar-me pessoalmente. Mais tarde, eu soube que aquilo era o poético, e passei a odiá-lo em silêncio.

Raízes do Romantismo

A primeira casa de que me lembro distintamente. Dois andares. O de cima é nosso. O de baixo, uma pequena fábrica de vinho. Uma vez por ano, carroças

---

8 Diminutivo de Boris.
9 Do poema "A Disputa", de M.I. Lérmontov.
10 No caso, uma licença poética.

carregadas de uva. Prensavam. Eu comia. Eles bebiam. Tudo isto, no território da antiquíssima fortaleza georgiana perto de Bagdádi. A fortaleza é rodeada pela muralha em quadrilátero. Nos cantos das muralhas, plataformas para os canhões. Ameias. Atrás das muralhas, valados. Além dos valados, florestas e chacais. Acima das florestas, montanhas. Cresci. Corria para a mais elevada. As montanhas se abaixam para o Norte. Mais para o Norte ainda, uma interrupção. Sonhava: é a Rússia. Dava uma vontade incrível de ir para lá.

O Inusitado

Cerca de sete anos. Meu pai começou a me levar para a ronda das matas, a cavalo. Um desfiladeiro. Noite. Envoltos na neblina. Nem via meu pai. Uma vereda estreitíssima. Meu pai provavelmente empurrou com a manga um ramo de roseira-brava. O ramo cravou os espinhos em minhas faces. Soltando pequenos gritos, vou tirando os espinhos. De repente, desapareceram a dor e o nevoeiro. Na neblina que se dispersou sob nossos pés, algo mais brilhante que o céu. É a eletricidade. A fábrica de aduelas do príncipe Nakaschidze. Depois de ver a eletricidade, deixei completamente de me interessar pela natureza. Objeto não aperfeiçoado[11].

Estudo

Ensinavam-me mamãe e primas de diferentes graus. A aritmética parecia inverossímil. Era necessário calcular peras e maçãs distribuídas a meninos. No entanto, eu sempre recebia e dava sem contar. No Cáucaso, há frutas à vontade. Foi com gosto que aprendi a ler.

[11] B. Pasternak relata, referindo-se a suas relações com Maiakóvski: "Conforme já disse, costumava-se exagerar nossa intimidade. De uma feita em casa de Assiéiev¹, por ocasião de uma discussão que tivemos, no período do aguçamento de nossas divergências, ele definiu a nossa dissemelhança com o humor habitual: 'E então? Somos de fato diferentes. Você gosta do relâmpago no céu, e eu num ferro elétrico'". Cf. *Avtobiografítcheski Otcherk*, p. 42 e 43.

Primeiro livro

Não sei que *Passarinheira Agáfia*. Se tivesse então encontrado alguns livros daqueles, deixaria de ler para sempre. Felizmente, o segundo foi *Dom Quixote*. Isto é que é livro! Fiz uma espada de madeira e armadura e aniquilava tudo ao redor.

Exame

Mudança. De Bagdádi para Kutaíssi. Exame para o ginásio. Passei. Perguntaram-me sobre a âncora que tinha na manga: sabia bem. Mas o padre me perguntou o que era "oko". Respondi: "Três libras" (é assim em georgiano). Os amáveis examinadores me explicaram que "oko" era "olho" na língua antiga, em eslavo eclesiástico[12]. Por pouco não levei bomba. Por isso, odiei no mesmo instante tudo o que era antigo, eclesiástico e eslavo[13]. É possível que daí tenham surgido meu futurismo, meu ateísmo e meu internacionalismo.

Ginásio

Preparatório, 1º e 2º. Tiro o primeiro lugar. Cubro-me de notas cinco. Leio Júlio Verne. O fantástico em geral. Certo barbudo começou a descobrir em mim talento para a pintura. Ensina-me de graça.

Guerra Com o Japão

Em casa, cresceu o número de jornais e revistas. *Notícias Russas*, *Palavra Russa*, *Riqueza Russa* etc. Leio tudo. Deram-me corda. Entusiasmam-me os cartões postais com cruzadores. Amplio e faço cópia. Apareceu a palavra "panfleto". Os panfletos eram pendurados pelos georgianos.

---

[12] São escritos em eslavo eclesiástico os textos religiosos da Igreja Russa e as obras literárias russas anteriores a fins do século XVII.

[13] É evidente, porém, a relação de Maiakóvski com a tradição popular, que tem suas raízes na velha Rússia. Por outro lado, a declarada aversão ao que fosse "eslavo" contrastava com o apego de Khlébnikov, amigo e mestre de Maiakóvski, às tradições dos diferentes povos eslavos.

Os cossacos penduravam os georgianos nas forcas. Meus amigos eram georgianos. Passei a odiar os cossacos.

Material Clandestino

Minha irmã chegou de Moscou. Entusiasmada. Deu-me em segredo uns papéis compridos. Isto me agradava: era muito arriscado. Lembro-me ainda. O primeiro.

> Volte a si, companheiro, volte a si, meu irmão,
> Largue já o fuzil sobre a terra.

E um outro, com o final:

> ...ou então um caminho diverso:
> P'ra a Alemanha, com o filho, a mulher e a mamãe...

(sobre o tsar).
Era a revolução. E era em verso. Versos e revolução como que se uniram na mente.

1905

Não conseguia estudar. Começaram as notas dois. Passei para o quarto ano unicamente porque me acertaram uma pedra na cabeça (eu brigara junto ao Rion): na segunda época, os professores tiveram pena. Para mim, a revolução começou assim: meu amigo Isidor, cozinheiro de padre, pulou de alegria descalço sobre o fogão: tinham morto o general Alikhanov. O pacificador da Geórgia[14]. Seguiram-se comícios e passeatas. Segui também. Bom. Aprendo pictoricamente: de preto os anarquistas, de vermelho os social-revolucionários, de azul os social-democratas, de outras cores os federalistas.

Socialismo

Discursos, jornais. De tudo isto: conceitos e palavras desconhecidas. Exijo explicação a mim mesmo. Livrinhos brancos nas janelas. A *Procelária*[15]. O mesmo tema. Compro todos. Levantava-me às seis da manhã. Lia até a embriaguez. O primeiro: *Abaixo os Social-Democratas!*[16] O segundo: *Conferências sobre Economia*[17]. Impressionou-me para sempre a capacidade dos socialistas de desenredar os fatos, de sistematizar o mundo. *O Que Ler?* – se não me engano, de Rubákin. Li o aconselhado. Muita coisa não entendo. Pergunto. Fui introduzido num círculo marxista. Quando cheguei, estavam lendo *O Programa de Erfurt*[18]. No meio. Sobre o *lumpenproletariat*. Passei a me considerar social-democrata: carreguei as carabinas Berdan de meu pai para o comitê social-democrático.

Quem me agradava pelo físico era Lassale. Provavelmente porque não tinha barba. Ar mais moço. Misturei Lassale com Demóstenes. Vou até Rion[19]. Faço discursos com pedrinhas na boca.

Repressão

No meu entender, tudo começou com o seguinte: quando houve pânico (talvez por ação da polícia) numa passeata em memória de Bauman[20], eu (caído) levei pancada na cabeça com um tambor enorme. Assustei-me pensando: a cabeça rachou.

---

[14] Segundo nota às o.c., i, 422, trata-se de um equívoco, pois o general Alikhanov foi morto em meados de 1907. O autor da nota supõe que se trate de outro acontecimento, que teve também ampla repercussão na Geórgia: o assassínio em Tíflis do general Griaznóv, em janeiro de 1906.
[15] Editora Social-Democrática. O nome provinha de um famoso poema em prosa de Górki.
[16] Brochura de V. Brakke, de propaganda dos social-democratas.
[17] De N. Kárichev.
[18] O Programa de Erfurt dos social-democratas alemães, aprovado no congresso que tivera lugar em Erfurt, em 1891.
[19] A cidade de Kutaíssi fica à margem do rio Rion.

1906

Meu pai morreu. Picara o dedo (estava pregando papéis de serviço). Septicemia. Desde então, não suporto alfinetes. Acabou o bem-estar. Depois do enterro de meu pai, sobram-nos 3 rublos. Vendemos febril e instintivamente mesas e cadeiras. Largamos para Moscou. Para quê? Nem conhecidos tínhamos ali.

Viagem

O melhor de tudo: Baku. Torres de petróleo, caixas d'água, o melhor perfume (petróleo) e depois a estepe. O deserto até.

Moscou

Paramos em Razumóvski. Conhecidas: as irmãs Plótnikov. De manhã, vapor para Moscou. Alugamos apartamentinho na Brónaia.

Coisas de Moscou

Elas vão mal quanto à comida. Pensão: 10 rublos por mês. Eu e as duas irmãs estudamos. Mamãe teve de sublocar quartos e dar refeições. Os quartos são ordinários. Os inquilinos eram estudantes pobres. Socialistas. Lembro-me: diante de mim, o primeiro "bolchevique", Vássia[21] Kandeláki.

O Agradável

Mandaram-me comprar querosene. 5 rublos. Na loja colonial me deram de troco 14 rublos e 50 copeques; lucro líquido: 10 rublos. Fiquei com dor de consciência. Percorri duas vezes a loja (*O Programa de Erfurt* não me deixava em paz). – "Quem foi que se enganou, o patrão ou um empregado?" – pergunto baixinho a um caixeiro. –

[20] O líder social-democrata N.E. Bauman (1873-1905) foi morto em Moscou em 18 de outubro de 1905. Sua morte provocou grandes manifestações em todo o país.

[21] Diminutivo de Vassíli (Basílio).

"O patrão!" – Comprei e comi quatro pães com frutas secas. Com o que sobrou, andei de barco pelas represas Patriárchi. Desde então, não suporto nem ver pão com frutas secas.

Trabalho

Dinheiro na família não há. Foi preciso desenhar e gravar a fogo. Fixaram-se na memória sobretudo os ovos de Páscoa. Redondos, eles giram e rangem como portas. Eu vendia os ovos na loja de artesanato da Nieglínaia[22]. 10 a 15 copeques cada. Desde então, odeio profundamente os Boem[23], o estilo russo e a mania do artesanato.

Ginásio

Eu me transferi para o 4º ano do Ginásio n. 5. Notas um, fracamente variadas com notas dois. Sob a carteira, o *Anti-Dühring*.

Leitura

Eu não admitia sequer a literatura. Filosofia. Hegel. As ciências naturais. Mas, sobretudo, marxismo. Não existe obra de arte que me tenha entusiasmado mais que o "Prefácio" de Marx[24]. Obras clandestinas saíam dos quartos dos estudantes. *Tática do Combate de Rua* etc. Lembro-me distintamente do livrinho azul de Lênin, *Duas Táticas*[25]. Agradava-me o fato de o livro ter sido cortado sem margens. Para a distribuição clandestina. A estética da economia máxima[26].

O Primeiro Quase Poema

O Ginásio n. 3 editava a revistinha clandestina *Poriv* (Impulso). Fiquei despeitado. Outros escrevem, e eu não posso?!

---

22 É velho costume pintar na Páscoa ovos de galinhas e dá-los de presente.
23 Estava então em moda a aquarelista I. Boem, de estilo pseudorrusso.
24 O prefácio à *Crítica da Economia Política*.
25 Nome completo: *Duas Táticas da Social-Democracia na Revolução Democrática*.
26 Uma das exigências do construtivismo russo, na época em que Maiakóvski escreveu a autobiografia.

Fiz ranger a pena. Saiu algo incrivelmente revolucionário e na mesma medida horrível. Qualquer coisa como Kirilov escreve hoje em dia. Não me lembro de nenhuma linha. Escrevi um segundo. Saiu lírico. Considerando que tal estado interior era incompatível com a minha "dignidade socialista", larguei de vez.

O Partido

1908. Ingressei no PSDOR (ala bolchevique). Fiz exame num subdistrito comercial e industrial. Passei. Como propagandista[27]. Fui trabalhar com padeiros, depois com sapateiros e, finalmente, com gráficos. Na conferência municipal, fui eleito para o Comitê da cidade. Estavam nele Lomov, Povóljetz, Smidóvitch e outros. Eu me chamava "Camarada Constantin". Mas não cheguei a trabalhar ali: fui apanhado.

Prisão

Em 29 de março de 1908, fui cercado em Gruzíni. A nossa tipografia clandestina. Comi o bloco de notas. Com endereços e capa dura. A delegacia em Priésnienski. A Okhrana[28].
A delegacia de Suschev. O juiz de instrução Voltanóvski (provavelmente se considerava esperto) me fez escrever um ditado: eu era acusado de ter escrito uma proclamação. Fiquei assassinando de todas as maneiras o texto. Escrevi: "socialdimocritico". Talvez os tenha enganado. Fui solto condicionalmente[29].
Na delegacia, li perplexo *Sánin*[30]. Não sei por que, ele existia em todas as delegacias. Provavelmente, para redimir as almas.

Saí. Cerca de um ano de trabalho partidário. E novamente uma curta prisão.

[27] Maiakóvski ingressou, no início de 1908, no Partido Social-Democrático Operário Russo (ala bolchevique). Segundo nota às o.c., i, 423, a referência ao "exame" não deve ser tomada em sentido literal: trata-se provavelmente da execução das primeiras tarefas partidárias.
[28] A polícia política do regime tsarista.
[29] Maiakóvski foi apanhado com setenta exemplares da proclamação "Nova Ofensiva do Capital", 76, do

Tiraram-me o revólver. Makhmudbekov, então subcomandante Kriestóv, amigo de meu pai, preso casualmente comigo, declarou que o revólver era dele, e eu fui solto[31].

Terceira Prisão

Os que moram em nossa casa (Koridze, nome de guerra Mortchadze, Gueruláitis e outros) estão preparando uma passagem subterrânea. Para libertar mulheres condenadas a trabalhos forçados. Conseguimos organizar uma fuga na prisão de Novínski. Fui apanhado[32]. Não queria ficar preso. Fiz escândalo. Era transferido de uma delegacia a outra: Basmánaia, Mieschánskaia etc., e, finalmente, fui parar em Butirki. Cela individual n. 103.

11 Meses em Butirki

Época importantíssima para mim. Depois de três anos de teoria e prática, passei a devorar literatura.

Li tudo o que havia de mais recente. Os simbolistas. Biéli, Balmont. Espantou-me a novidade formal. Mas aquilo me era estranho. Temas e imagens de uma vida que não era a minha. Tentei eu mesmo escrever igualmente bem, mas sobre outra coisa. Constatei que não se podia escrever *igualmente sobre outra coisa*. Saiu algo postiço e chorosamente revolucionário. Qualquer coisa no gênero:

As matas se cobrem de ouro e de púrpura.
O sol já refulge nos cimos de igreja.
Espero, e os dias se perdem nos meses,
Centenas de dias sem fim.

jornal *Bandeira Operária* e quatro do *Jornal do Soldado*. Em 9 de abril, obteve livramento condicional até o julgamento, ficando sob responsabilidade materna.
30 Romance de M.P. Artzibáchev, famoso na época por suas cenas eróticas.
31 Maiakóvski foi preso a segunda vez em 18 de janeiro de 1909, na rua, sendo libertado em 27 de fevereiro, sem que tenha sido apresentada qualquer acusação contra ele.
32 Em 2 de julho de 1909.

Rabisquei com coisas assim todo um caderninho. Obrigado aos guardas: tiraram-no ao me soltar. Senão, era capaz de publicar!

Tendo lido os contemporâneos, despenquei-me sobre os clássicos. Byron, Shakespeare, Tolstói. Último livro: *Ana Karênina*. Não cheguei ao fim. De noite me chamaram "à cidade com as suas coisas". E fiquei sem saber, até hoje, como acabou aquela história dos Karênin.

Soltaram-me. Eu devia (por determinação da Okhrana) ter residência forçada em Turukhansk, durante três anos. Makhmudbekov conseguiu com Kurlóv[33] que me dispensassem.

Durante a prisão, julgaram o meu primeiro caso: declararam-me culpado, mas não tinha idade para uma condenação. Veredito: ficar sob vigilância policial e sob responsabilidade materna.

O Assim Chamado Dilema

Saí dali transtornado. O que eu li eram os assim chamados grandes. Mas como é fácil escrever melhor do que eles! Mesmo agora, já tenho uma relação correta com o mundo. Necessito apenas de experiência em arte. Onde apreendê-la? Sou ignorante. Devo passar por uma escola séria. E eu fora expulso até do ginásio, até do Stróganovski. Se ficar no partido, terei de passar à clandestinidade. E como clandestino, parecia-me, não poderia estudar. Perspectiva: passar a vida inteira escrevendo panfletos, expor pensamentos tirados de livros certos, mas que não foram inventados por mim. Se alguém me sacudir, para expelir o que li, o que vai sobrar? O método marxista. Mas esta arma não foi parar em mãos de criança? É fácil utilizá-lo, quando se lida apenas com o pensamento dos nossos. Mas, se encontrar o inimigo? Apesar de tudo, não consigo escrever melhor que Biéli. Ele trata das suas coisas com alegria: "Joguei o ananás

[33] P. Kurlóv, então vice-ministro do Interior.

aos céus"[34], e eu choramingo sobre as minhas: "Centenas de dias sem fim". Outros membros do partido têm vida boa. Eles têm a universidade. (Eu ainda respeitava a escola superior – não sabia o que isto significava!)

O que posso contrapor à estética das velharias, que desabou sobre mim? Será que a revolução não exigirá de mim uma escola séria? Fui então à casa de Miedviédiev, que ainda era companheiro de partido. Quero fazer arte socialista. Sierioja ficou rindo muito tempo: você tem a tripa fina.

Penso, apesar de tudo, que ele subestimou as minhas tripas.
Interrompi o trabalho partidário. E me pus a estudar.

Iniciação no Ofício

Pensava: não posso escrever verso. A experiência fora lastimável. Passei à pintura. Estudei com Jukóvski. Fiquei pintando serviços de chá prateadinhos, em companhia de não sei que damazinhas. Passado um ano, percebi: estava aprendendo prendas domésticas. Procurei Kélin[35]. Um realista. Bom desenhista. O melhor dos professores. Firme. Mutável.

Exigência: a mestria, Holbein. Não suportava o bonitinho. Poeta venerado: Sascha Tchórni[36]. Alegrava-me o seu antiestetismo.

A Última Escola

Um ano de "cabeça"[37]. Ingressei na Escola de Pintura, Escultura e Arquitetura: o único local onde me aceitaram sem um atestado de bons antecedentes políticos[38]. Trabalhei bem.

Fiquei espantado: acarinhavam-se os imitadores, expulsavam-se os independentes.

---

34 Do poema "Nas Montanhas".
35 O pintor P.I. Kélin.
36 Poeta satírico.
37 Isto é, passou um ano aprendendo a desenhar cabeças.
38 Ingressou no estabelecimento em agosto de 1911. Tentara entrar na Escola Superior de Arte, junto à Academia das Artes (em Petersburgo), mas teve que desistir, certamente porque não podia obter o atestado de bons antecedentes políticos, que ali se exigia.

Larionov, Máchkov[39]. O instinto revolucionário me fez apoiar os enxotados.

David Burliuk[40]

Na Escola apareceu Burliuk. Ar insolente. Lornhão. Sobrecasaca. Caminha cantarolando. Pus-me a provocá-lo. Quase chegamos às vias de fato.

No Fumadouro

Sala de Reunião da Nobreza. Um concerto. Rakhmáninov. A ilha dos mortos[41]. Fugi da insuportável chatura melodizada[42]. Instantes depois, também Burliuk. Soltamos gargalhada, um na cara do outro. Saímos para vadiar juntos.
  Conversa. Da chatura rakhmaninoviana, passamos à da Escola, e da escolar a toda a chatura clássica. Em David, havia a ira de um mestre que ultrapassara os contemporâneos, em mim – o patético de um socialista, que conhecia o inevitável da queda das velharias. Nascera o futurismo russo.

A Seguinte

De dia, saiu-me um poema. Ou melhor: trechos. Ruins. Não se publicaram em parte alguma. Noite. A Avenida Srietiênski. Leio as linhas a Burliuk. Acrescento: são de um conhecido meu. David parou. Olhou-me de alto a baixo. Explodiu: "Mas foi você mesmo quem escreveu isto! Você é um poeta genial!" Um epíteto assim grandioso e imerecido, aplicado a mim,

[39] Os pintores M.F. Larionov e I.I. Máchkov foram expulsos da Escola em 1910. O primeiro foi o iniciador do movimento conhecido como "raionismo" e o segundo fez parte do grupo "Valete de Ouros".

[40] Pintor e poeta. Passou grande parte da vida nos Estados Unidos, onde morreu.

[41] *A Ilha dos Mortos*, obra sinfônica de S. Rakhmáninov.

[42] E. Triolet recorda que Maiakóvski, a par de sua aversão pela música sacralizada dos concertos, dava mostras de grande musicalidade. Cf. E. Triolet, *Maiakóvski, poète russe*, p. 21. Ripellino cita igualmente uma série de fatos que comprovam isto na base de alguns documentos da época. Cf. A.M. Ripellino, *Maiakóvski e o Teatro de Vanguarda*, p. 185-186.

me alegrou. Imergi inteiramente em versos. Nessa noite, de todo inesperadamente, eu me tornei poeta.

Excentricidades Burliukianas

Na manhã seguinte, apresentando-me a alguém, Burliuk já dizia com voz de baixo: "Não conhece? O meu amigo genial. O famoso poeta Maiakóvski". Eu o cutuco. Mas Burliuk é inabalável. E ainda rosnava para mim, afastando-se um pouco: "Agora escreva. Senão, vai colocar-me numa situação cretiníssima".

E Assim Todos as Dias

Tive de escrever. Escrevi então o primeiro poema (o primeiro profissional, publicável): "Branco e Púrpura"[43] e outros.

O Maravilhoso Burliuk

É com o amor de sempre que penso em David. O amigo maravilhoso. Meu verdadeiro professor. Burliuk me fez poeta. Lia-me franceses e alemães. Empurrava-me livros. Ia caminhando e falava sem cessar. Não me deixava afastar-me nem um passo. Dava-me 50 copeques por dia. Para que escrevesse sem passar fome.

No Natal, levou-me a sua casa, em Nova Maiatchka[44]. Eu trouxe de lá "Porto"[45] e outros.

A "Bofetada"

Voltamos de Maiatchka. Se com ideias ainda imprecisas, pelo menos com precisão de caráter. Em Moscou, Khlébnikov. A sua genialidade suave estava então completamente obscurecida para mim pelo

---

[43] São as palavras iniciais do poema "Noite", ver infra, p. 90.
[44] Propriedade rural do governo de Kherson, que era administrada pelo pai de Burliuk.
[45] Ver infra, p. 94.

borboleteante David. Ali mesmo se movimentava também o jesuíta futurista da palavra: Krutchônikh.

Depois de algumas noites de lírica, demos à luz um manifesto coletivo. David recolhia, copiava, nós dois demos o título e publicamos a "Bofetada no Gosto Público".

Eles Se Mexem

Exposições do "Valete de Ouros". Debates. Discursos enfurecidos, meus e de David[46]. Os jornais passaram a aparecer repletos de futurismo. O tom não era muito delicado. Eu, por exemplo, era chamado simplesmente de "filho de cadela".

A Blusa Amarela

Eu nunca tivera um terno. Tinha duas blusas, de aspecto miserável. Método já experimentado: enfeitar-me com uma gravata. Não tinha dinheiro. Apanhei com minha irmã um pedaço de fita amarela. Amarrei. Fiz furor. Quer dizer: o mais aparente e bonito numa pessoa é a gravata. Logo: se você aumenta a gravata, também aumentará o furor. E visto que as dimensões das gravatas são limitadas, lancei mão de esperteza: fiz da gravata uma blusa e da blusa uma gravata. Uma impressão írresistível.

É Natural

O quartel-general das artes arreganhou os dentes. O Príncipe Lvov. Diretor da Escola. Propôs que suspendêssemos a crítica e a agitação. Recusamo-nos.

O conselho de "artistas" nos expulsou da escola.

[46] Em 1912 e 13, houve muitas discussões sobre a nova pintura, promovidas pela associação de pintores "Valete de Ouros". Grande parte de seus membros estava sob forte influência do impressionismo francês. Nessas discussões, Maiakóvski acusou o "Valete de Ouros" de conservadorismo estético.

Um Ano Alegre

Percorremos a Rússia. Noites de poesia. Conferências. Os governos de província ficavam alerta. Em Nicoláiev propuseram-nos que não nos referíssemos às autoridades, nem a Púschkin. Com frequência, éramos interrompidos pela polícia, em meio a uma conferência. Vássia Kamiênski se uniu à cáfila. Um futurista da velha guarda.

Para mim esses anos foram de trabalho formal e domínio da palavra.

Os editores não nos aceitavam. O nariz capitalista farejava em nós dinamitadores. Não me compravam uma linha sequer.

De volta a Moscou, residi sobretudo nas avenidas.

Esta época foi culminada pela tragédia "Vladímir Maiakóvski". Montada em Petersburgo. O Luna-Parque. A vaia foi de estourar os tímpanos.

Início de 1914

Sinto mestria. Posso dominar um tema. Inteiramente. Formulo a questão do tema. Um tema revolucionário. Penso em "Uma Nuvem de Calças".

A Guerra

Eu a acolhi com emoção. A princípio, apenas pelo seu lado decorativo e ruidoso. Cartazes encomendados e, naturalmente, de todo belicosos. Depois o verso. "A Guerra Está Declarada".

Agosto

O primeiro combate. Apareceu integralmente o horror da guerra. A guerra é detestável. E a retaguarda, mais detestável ainda. Para se falar da guerra, é preciso conhecê-la. Fui alistar-me voluntário. Não aceitaram. Não tinha bons antecedentes[47].

O próprio coronel Modl[48] teve uma boa ideia.

Inverno

Repugnância e ódio à guerra. "Ah, fechem, fechem os olhos dos jornais"[49] e outros.

O interesse pela arte desapareceu de todo.

Maio

Ganhei 65 rublos no jogo. Fui à Finlândia. Kuokkala[50].

Kuokkala

O sistema dos sete conhecidos (setimal). Dei início a sete relações de jantar. Aos domingos, "janto" Tchukóvski, às segundas, Ievriéinov e assim por diante. Às quintas, era pior: comia os capinzinhos de Répin[51]. Para um futurista de estatura quilométrica, era inadequado.

Ao anoitecer, vagueio pela praia. Escrevo a "Nuvem"[52].

Fortaleceu-se a consciência da proximidade da revolução.

Fui a Mustamiáki[53]. M. Górki. Li para ele partes da "Nuvem". Sensibilizado, Górki me cobriu de lágrimas todo o colete. Comovi-o com meus versos. Fiquei um tanto orgulhoso. Logo ficou claro, porém, que Górki chorava sobre todo colete de poeta.

[47] Maiakóvski encaminhou em 24 de outubro de 1914 um requerimento em que pedia seu alistamento no exército, como voluntário. Em 12 de novembro, o requerimento foi indeferido, na base de uma informação da polícia política.

[48] V.F. Modl, então chefe da polícia em Moscou.

[49] Verso do poema "A Mãe e o Crepúsculo Morto Pelos Alemães". Ver infra, p. 116.

[50] Hoje Répino. Naquele tempo, lugar de veraneio de artistas e escritores.

[51] Ilia Riépin (1844-1930), pintor realista russo. Era vegetariano, daí a alusão de Maiakóvski.

[52] O poema "Nuvem de Calças".

[53] Lugar de veraneio, Górkovskoie, perto de São Petersburgo.

Assim mesmo, conservo o colete. Posso cedê-lo a alguém, para um museu de província[54].

Nóvi Satíricon[55]

Os 65 rublos deslizaram fácil e sem dor. "Meditando sobre o que comer", passei a colaborar em *Nóvi Satíricon*.

Uma Data Gratíssima

Julho de 1915. Conheço L.I. e Ó.M. Brik[56].

Convocação

Rasparam-me a cabeça. Agora, não quero mais ir à linha de frente. Fingi-me desenhista[57]. De noite, aprendo com certo engenheiro a desenhar automóveis. Quanto às publicações, o caso é ainda pior. É proibido aos soldados. Somente Brik traz alegria. Compra todos os meus versos a 50 copeques a linha.

Publiquei "A Flauta-Vértebra" e a "Nuvem".
A nuvem saiu muito limpinha.
A censura soprou nela. Umas seis páginas só de pontos.

Daí data o meu ódio aos pontos. E às vírgulas também.

Milico

Um tempo horroroso. Desenho
(do coração tripas) retratos do comandante.
Na cabeça, desenvolve-se "A Guerra
e o Mundo", e no coração
"O Homem".

---

[54] Tratei das relações entre os dois escritores. Cf. Górki e Maiakóvski, *O Estado de S. Paulo*, 14 mar. 1964, reproduzido em Dois Ásperos Batalhadores, *Minas Gerais*, 14 set. 1968.

[55] Semanário satírico editado em Petersburgo a partir de 1914, do qual era redator-chefe o escritor A. Aviértchenko.

[56] O teórico da literatura Óssip Brik e sua esposa, Lília Brik, o grande amor de Maiakóvski.

[57] Maiakóvski foi convocado para o serviço ativo em 8 de outubro de 1915. Em carta aos seus, escreveu: "Fui convocado e designado para a Escola de Automobilistas de Petrogrado, como desenhista experimentado e capaz" (*o.c.*, I, 426). Serviu nessa unidade até a Revolução de Outubro.

1916

Concluída "A Guerra e o Mundo"[58]. Um pouco depois, "O Homem". Publico trechos em *Liétopis*. Evito insolente aparecer aos olhos dos fardalhões.

26 de fevereiro de 1917

Fui com os automóveis na direção da Duma[59]. Esgueirei-me para o gabinete de Rodzianko[60]. Olhei Miliukóv[61] de alto a baixo. Cala-se. Mas, não sei por que, tenho a impressão de que ele gagueja. Depois de uma hora, eles enjoaram. Saí. Aceitei por alguns dias o comando da Autoescola. As coisas gutchkovejam[62]. A velha oficialada continua a passear pela Duma. A coisa está clara para mim: é inevitável a vinda imediata dos socialistas. Os bolcheviques. Escrevo, já nos primeiros dias da Revolução, a crônica poética "Revolução". Faço conferências: "Os Bolcheviques da Arte".

Agosto

A Rússia aos poucos se deskerenskeriza[63]. Perdeu-se o respeito. Saio da *Nóvaia Jizn*[64]. Penso no *Mistério-Bufo*.

Outubro

Aceitar ou não aceitar? Semelhante pergunta não existia para mim (e para os demais futuristas moscovitas).

[58] Em 1916, a censura não permitiu a publicação, na revista *Liétopis* (Crônica), de alguns trechos do poema. Este só foi publicado após a Revolução.
[59] A forma incipiente de parlamento, instaurada na Rússia, após os acontecimentos de 1905.
[60] M.V. Rodzianko, presidente da Duma a partir de março de 1911. Foi um dos organizadores da reação à Revolução de Outubro. Exilou-se após a Guerra Civil.
[61] P.N. Miliukóv, o dirigente do partido da burguesia liberal russa, os Democratas Constitucionalistas, apelidados "os cadetes" (por causa das iniciais do partido em russo: kd). Foi ministro das Relações Exteriores no primeiro ministério constituído após a Revolução de Fevereiro. Exilou-se depois da Guerra Civil.
[62] O político A.I. Gutchkóv procurou conseguir, depois da Revolução de Fevereiro, a manutenção do regime monárquico. Foi ministro da Guerra e da Marinha no primeiro ministério constituído pelo Governo Provisório. Exilou-se após a vitória dos "vermelhos" na Guerra Civil.
[63] De A.F. Kérenski, o chefe do Governo Provisório.
[64] A revista *Nóvaia Jizn* (Vida Nova) começou a sair em abril de 1917, a princípio com orientação ligeiramente, e depois francamente, menchevique.

65 O instituto Smólni, escola para moças da nobreza, onde se instalara o quartel-general dos bolcheviques.

66 Em "Maiakóvski: Evolução e Unidade" escrevi: "Os cabarés artísticos e os teatrinhos de variedades, com uma programação vanguardista, constituíram uma das características da vida intelectual da época. Uma descrição muito viva desses espetáculos pode ser encontrada no terceiro capítulo de *Il trucco e l'anima* de A.M. Ripellino, [...] Muitas outras obras referem-se a essas manifestações artísticas, inclusive o romance *Dan lack (Le Plan de l'aiguille)*, de Blaise Cendrars (Paris, 1960), citado por Ripellino". Ver supra, p. 36n9.

67 Maiakóvski vinha preocupando-se com o cinema desde os vinte anos, conforme atestam os seus artigos escritos em 1913 (um dos quais, "Teatro, Cinematógrafo, Futurismo", incluído neste trabalho). No mesmo ano apareceu no filme *Um Drama no Cabaré dos Futuristas, n. 13*, realizado pelo grupo que se denominou "Rabo de Asno", e onde desempenhou um papel demoníaco por excelência. Apud A.M. Ripellino, *Maiakóvski e o Teatro de Vanguarda*, p. 242⁹.

68 As iniciais de Rossíiskaia Soviétskaia Federatívnaia Sotzialistítcheskaia Riespúblika (República Soviética Federativa Socialista da Rússia).

69 O Proletcult estava então instalado no palacete que pertencera à bailarina M.F. Kszesinska, em Leningrado. Proletcult é abreviatura de *Proletárskaia Cultura* (Cultura Proletária). A organização assumiu frequentemente atitudes sectárias em questões de arte e literatura. Em meados da década de 1920, as organizações do Proletcult passaram a ser supervisonadas pelos sindicatos. A organização foi dissolvida formalmente em 1932.

70 A peça de teatro *Mistério-Bufo*.

A minha revolução. Fui ao Smólni[65]. Trabalhei. Tudo o que era preciso. Começavam as reuniões.

Janeiro

Estive em Moscou de passagem. Apareço em público. De noite, o "Café dos Poetas", no Nastássienski[66]. A vovó revolucionária dos atuais salõezinhos café-poéticos. Escrevo roteiros de cinema. Eu mesmo sou ator. Desenho cartazes de cinema[67]. Junho. De novo Petersburgo.

1918

A RSFSR[68] não pode ocupar-se da arte. E é justamente dela que me ocupo. Fui à casa de Kszesinska, ao Proletcult[69].

 Por que não está no partido? Os comunistas trabalhavam nas linhas de frente. Na arte e na educação, por enquanto só conciliadores.

 Eles me mandariam pescar em Astracã.

25 de outubro de 1918

Concluí o mistério[70]. Fiz leituras. Era muito discutido. Foi montado por Meierhold, com C. Malévitch. Em volta, esbravejou-se tremendamente. Sobretudo a *intelligentzia* comunistizante. Andriéieva fez o possível. Para estorvar.

Exibiram três vezes, depois desmontaram. E foi um nunca acabar de *Macbeth*[71].

1919

Viajo com o mistério e outros trabalhos meus e de meus companheiros, pelas usinas. Uma acolhida esfuziante. No distrito de Viborg, organiza-se um *comfut*[72], editamos o *Iskustvo Comúni*[73]. As academias estalam. Na primavera, mudo-me para Moscou.

A cabeça ficou tomada por 150.000.000. Passei à agitação na Rosta[74].

1920

Concluí 150.000.000. Publico sem nome de autor. Quero que cada um complete e melhore. Isto ninguém fez, mas em compensação todos sabiam o nome do autor. Tanto faz. Agora, publico-o com meu nome.

Dias e noites na Rosta. Avançam Dieníkines de toda espécie[75]. Escrevo e desenho. Fiz uns três mil cartazes e umas seis mil legendas.

1921

Vencendo todas as delongas, ódios, papelórios e estupidez, monto a segunda

[71] A peça foi escrita para o primeiro aniversário da Revolução de Outubro⁽ʰ⁾.
[72] Maiakóvski pretendia organizar em diferentes cidades núcleos de "comunistas-futuristas", mas a ideia não foi avante.
[73] Esse jornal era editado pelo grupo futurista, como órgão do Comissariado do Povo Para a Instrução Popular.
[74] Maiakóvski trabalhou na Rosta – *Rossíiskoie Kieliegráfnoie Aguientstvo* (Agência Telegráfica Russa), desenhando cartazes e escrevendo versos para eles, entre outubro de 1919 e janeiro de 1921. Eram as "janelas da rosta", que se tornaram famosas. A princípio, cada cartaz era desenhado isoladamente e afixado numa vitrina. Depois, passou-se a fazer cópias de cada um, e eram espalhadas pela cidade⁽ⁱ⁾.
[75] Alusão às ofensivas do general A.I. Dieníkin e outras investidas dos exércitos "brancos" na Guerra Civil.

variante do mistério. É apresentada no Primeiro Teatro da RSFSR, sob a direção de Meierhold, em colaboração com os pintores Lavínski, Khrakóvski e Kíssielev, e no circo, em alemão, para o III Congresso do Comintern. É dirigida ali por Granóvski, com Altman e Rávdel. Teve umas cem representações[76]. Passei a escrever no *Izviéstia*.

1922

Organizo a editora MAF[77]. Congrego os futuristas da comuna. Chegaram do Extremo Oriente Assiéiev, Trietiakóv[78] e outros companheiros de brigas. Comecei a anotar *A Quinta Internacional*, em que trabalhava havia mais de dois anos[79]. Utopia. Mostraria a arte de quinhentos anos depois.

1923

Organizamos a *Lef*[80]. *Lef* é apreensão de um grande tema social por meio de todos os recursos do futurismo. A questão naturalmente não se esgota com esta definição: remeto os interessados aos números respectivos. Fizemos aliança cerrada: Brik, Assiéiev, Kúschner, Arvatov, Trietiakóv, Ródtchenko, Lavínski.

Escrevi "Sobre Isto". O cotidiano de todos, segundo motivos pessoais. Comecei a refletir sobre o poema "Lênin". Um dos lemas, uma das grandes conquistas da *Lef*: a desestetização das artes industriais, o construtivismo. Um suplemento poético: folheto de agitação, de agitação econômica – isto é, publicidade. Não obstante as vaias

---

[76] A montagem da segunda variante do *Mistério-Bufo*, na realidade reescrito por Maiakóvski, com a inclusão, no argumento, dos acontecimentos políticos mais recentes, só foi possível após uma luta incessante com os órgãos responsáveis pelas representações teatrais¹.

[77] Sigla de *Moskóvskaia Assotziátziia Juturistov* (Associação dos Futuristas de Moscou). A editora chegou a lançar poucos livros.

[78] Os poetas Nicolai Assiéiev e S.M. Trietiakóv.

[79] Maiakóvski não chegou a concluir o poema. Escreveu duas partes, das oito projetadas.

[80] Sigla de *Liévi Front* (Frente de Esquerda). A revista congregou os futuristas encabeçados por Maiakóvski. Saíram ao todo sete números, em 1923-1925. Na realidade, ela foi o porta-voz da "esquerda" nas artes, isto é, dos escritores e artistas que se identificavam com o regime, mas achavam que a revolução social tinha de ser acompanhada de uma revolução autêntica nas artes. Em 1927, iniciar-se-ia nova fase da revista, com o nome de *Nóvi Lef* (Nova Frente de Esquerda).

poéticas, considero "O Bom? No Mosselprom"[81] poesia da mais alta qualificação[82].

1924

"Monumento aos Operários de Kursk". Numerosas conferências pela URSS, sobre a *Lef*. O "Jubileu", a Púschkin[83]. Os versos desse tipo formam um ciclo. Viagens: Tiflis, Ialta – Sebastópol. "Tamara e o Demônio" etc. Terminei o poema "Lênin". Li-o em muitas assembleias operárias. Eu tinha muito medo desse poema, pois era fácil descer à mera perífrase política. A receptividade do auditório operário me alegrou e me firmou na convicção da necessidade do poema. Viajo muito ao exterior. A técnica europeia, o industrialismo, todas as tentativas de uni-los com a velha Rússia de atoleiro são uma ideia de sempre do futurista-lefiano.

Não obstante os dados nada reconfortantes sobre a tiragem da revista, a *Lef* amplia seu trabalho.

Nós conhecemos esses "dados": simplesmente o contínuo desinteresse burocrático pelas revistas isoladas, da parte do mecanismo volumoso e plácido da Guiz[84].

1925

Escrevi o poema de agitação "O Proletário Voador" e uma coletânea de versos de agitação, *Vai Dar Tu Mesmo uma Volta Pelos Céus a Esmo*.

Viajo em volta da terra. O início dessa viagem dá meu último trabalho poético (constituído de poemas independentes)

[81] Tradução de H. de Campos.
[82] Maiakóvski escreveu artigos sobre a necessidade de melhorar o nível da publicidade existente então na Rússia. E ele próprio também escreveu versos de publicidade. O anúncio a que se refere o texto, um anúncio de chupetas, tornou-se famoso e foi muito atacado pelos que achavam semelhante tarefa indigna do poeta. Este, porém, não só aceitou os seus versos malsinados, mas até os considerou como algo importante em sua obra, numa atitude que se assemelha à de Carlos Drummond de Andrade, em relação à "pedra no caminho". Lília Brik lembra que a propaganda de produtos era, na época, uma forma de luta contra o comércio particular.
[83] Ver infra, p. 158.
[84] Guiz é abreviatura de gossizdát, que significa *Gossudárstvienoie Izdátielstvo* (Editora do Estado).

sobre o tema "Paris". Quero passar dos versos à prosa, e hei de fazê-lo. Este ano, devo terminar meu primeiro romance.

"Em Volta da Terra" não deu certo. Em primeiro lugar, fui roubado em Paris, em segundo, depois de meio ano de viagem precipitei-me como uma bala para a URSS. Não fui sequer a São Francisco (convidaram-me para uma conferência). Percorri em todos os sentidos o México e os Estados Unidos da América do Norte, além de partes da França e da Espanha. Resultado: livros – prosa jornalística: "Minha Descoberta da América" e versos: "Espanha", "Oceano Atlântico", "Havana", "México", "América".

Quanto ao romance, acabei de escrevê-lo mentalmente, mas não o passei para o papel, pois enquanto acabava de escrevê-lo, impregnava-me de ódio pela ficção e comecei a exigir de mim mesmo escrever tudo com o próprio nome e com fatos reais. Aliás, isto se refere também aos anos de 1926 e 27[85].

1926

Em meu trabalho, eu me transformo intencionalmente em jornalista. O artigo, a palavra de ordem. Os poetas ululam; no entanto, eles mesmos são incapazes de fazer jornalismo, quando muito se publicam em suplementos irresponsáveis. Quanto a mim, acho engraçado olhar para as suas baboseiras líricas, a tal ponto é fácil semelhante ocupação, e ela não interessa a ninguém além da própria esposa.

Escrevo no *Izviéstia*, no *Trud*, na *Rabótchaia Moscvá*, no *Zariá Vostoka*, no *Bakínski Rabótchi* etc.[86]

Meu segundo trabalho: continuo a tradição interrompida dos menestréis e trovadores. Viajo de cidade em cidade e leio versos. Novotcherkask, Vínitza, Khárkov, Paris, Rostóv, Tiflis, Berlim, Kazan, Svierdlóvsk, Tula,

[85] O romance em questão realmente não passou de projeto. O período correspondeu a uma intensa campanha desenvolvida pelo grupo de Maiakóvski a favor da *litieratura facta* (a literatura do fato real ou factografia) e contra a ficção.
[86] Respectivamente, *Notícias, O Trabalho, Moscou Operária, Aurora do Oriente, Operário de Baku*.

Praga, Leningrado, Moscou, Vorôniej, Ialta, Ievpatória, Viatka, Ufá etc. etc. etc.

1927

Estou reiniciando (houve tentativa de "suprimir") a *Lef*, agora "Nova". Posição fundamental: contra a ficção, a estetização e a psicomentira por meio da arte; pelo panfleto, pelo jornalismo qualificado e a reportagem. Meu trabalho principal é na *Comsomólskaia Pravda*[87], e faço horas extra trabalhando em "Que Bom!"

Considero o "Que Bom!" um trabalho programático, a exemplo de "Uma Nuvem de Calças" para aquela época. Limitação dos processos poéticos abstratos (hipérbole, imagem de vinheta válida por si mesma) e invenção de processos de trabalho com material de reportagem e de agitação.

Um patético irônico na descrição de miudezas, mas que podem ser também um passo firme para o futuro ("queijos sem moscas, lâmpadas não foscas, preços? afrouxo")[88], introdução, para cortar os planos, de fatos de calibre histórico diferente, legítimos unicamente como associações individuais ("Conversa com Blok", "Contou-me o Quieto Judeu Pável Ilitch Lavut").

Vou elaborar o que projetei.

Mais: escrevi roteiros de cinema[89] e livros infantis.

Além disso, continuei a menestrelar. Reuni cerca de 20 mil bilhetes, estou

[87] Órgão da Comsomol (Juventude Comunista).
[88] Tradução de H. de Campos.
[89] A participação de Maiakóvski no cinema soviético em 1926-1928, anos de sua plena maturidade como cineasta, reflete uma situação trágica: seus melhores roteiros, que não deixavam nada a dever às peças de teatro, foram recusados pelos dirigentes da Sovkino, a empresa produtora dos filmes soviéticos. O fantástico, o descomunal, o voo hiperbólico de sua poesia, aparecem plenamente nesses roteiros, sobretudo em *Como Vai?* O argumento de *Esqueça-se da Lareira* seria refundido na peça de teatro *O Percevejo*. Um de seus roteiros do período, *História de um Revólver*, obteve aprovação, mas foi tão deformado pelo diretor que o fato suscitou protestos indignados do poeta. Outros argumentos para filmes sobre temas de ocasião chegaram também a ser produzidos, mas não refletem de modo algum a importância de Maiakóvski como cineasta.

pensando no livro "Resposta Universal" (aos escritores de bilhetes). Sei o que pensa a massa dos leitores[90].

1928

Estou escrevendo o poema "Que Mau!"[91]. Uma peça e minha biografia literária. Muitos diziam: "Sua autobiografia não é muito séria". Está certo. Ainda não me academizei e não me acostumei a mimar a mim mesmo, e ademais o meu trabalho só me interessa quando dá alegria. A ascensão e queda de muitas literaturas, os simbolistas, os realistas etc., nossa luta com eles, tudo isto que decorreu aos meus olhos: eis uma parte de nossa história bem séria. Isto exige que se escreva a respeito. E eu vou escrever[92].

NOTAS COMPLEMENTARES

a   As notas desta edição baseiam-se na última edição revista pelo autor, em *A Poética de Maiakóvski Através de Sua Prosa* (São Paulo: Perspectiva, 2014).

b   Nas *Obras Completas*, o texto é acompanhado da seguinte nota dos organizadores da edição: "É preciso levar em conta que a autobiografia 'Eu Mesmo', numa série de juízos sobre fatos literários contemporâneos do poeta, tem caráter polêmico expresso com intensidade". Existem diversas variantes; o texto que segui para a tradução e as notas foi o da edição já referida.

c   "O meu trabalho / a todo / outro trabalho / é igual" ("Conversa Sobre Poesia Com o Fiscal de Rendas", trad. Augusto de Campos, p. 188).

90 O livro *Resposta Universal* não chegou a ser escrito.

91 Não chegou a escrever o poema "Que Mau!"

92 Maiakóvski não escreveu uma autobiografia mais desenvolvida que "Eu Mesmo".

A segunda variante do *Mistério-Bufo* (1920-1921) é precedida de um curto introito, que termina com as palavras: "No futuro, todos os que interpretarem em cena, dirigirem, lerem ou imprimirem o *Mistério-Bufo* modifiquem seu argumento, tornem-no atual, do dia, do minuto" (*o.c.*, ii, 245). No poema 150.000.000, declara que o poema não tem autoria individual, como é impossível nomear o "autor genial da terra". E, conforme narra em "Eu Mesmo", a primeira edição do poema apareceu sem o nome do autor. No entanto, pouco antes, em 1913, dera o nome de "Vladímir Maiakóvski" à sua "tragédia" (a atribuição de gênero, no caso, parece um desafio à consagrada classificação dos gêneros e uma afirmação de relatividade).

d   Eis outro trecho das reminiscências: "Não tenho vontade de falar de mim mesmo, mas sim prestar atenção ao século, ao ruído, ao crescer vagaroso do tempo. Minha memória é hostil a tudo o que é pessoal. Se dependesse de mim, eu apenas torceria o nariz, ao lembrar o passado. Jamais pude compreender os Tolstói e os

Aksakov, os netos de Bagróv (*Os Anos de Infância de Bagróv Neto* é o título de um livro de S.T. Aksakov [1791-1859], apaixonados pelos arquivos familiares, com épicas reminiscências domésticas" (p. 137).

e K. Pomorska, em *Russian Formalist Theory and Its Poetic Ambience* (Haia: Mouton, 1978), refere-se ao seguinte trecho de S.I. Kirsanov, posterior a "Eu Mesmo": "Minha mãe me trouxe ao mundo em 5 de setembro pelo calendário antigo (isto é, o Calendário Juliano, em vigor na Rússia antes da Revolução de Outubro), de 1905 ou 1907. Não se conhece o ano com precisão, pois era marcado de acordo com as exigências do serviço militar" (ibidem, p. 129).

f O poeta Nicolai Assiéiev (1889-1963).

g No entanto, o ano de 1918 marca sua participação bem mais ativa na produção cinematográfica russa. No primeiro semestre de 1918, foi autor dos roteiros de três filmes: *Aquele Que Não Nasceu Para o Dinheiro* (baseado no romance *Martin Eden*, de Jack London), *A Senhorita e o Vagabundo* (sobre a novela *A Professorinha dos Operários*, de Edmondo de Amicis) e *Acorrentada Pelo Filme*. Em todos os três filmes, desempenhou o papel principal.

Existe um retrato de Maiakóvski, de fraque e cartola, no papel de Martin Eden (*o.c.*, XI, 480; C. Frioux, *Maiakovski par lui-même*, p. 25) e que contrasta estranhamente com a imagem do agitador frenético, que aparece em outro retrato seu da mesma época. Perdeu-se o roteiro, mas existe um resumo, anotado por um dos artistas. A revista *Mir Ekrana* (O Mundo da Tela) publicou, em maio de 1918, na seção "Libretos", a seguinte nota sem assinatura, mas cujo estilo permite atribuí-la a Maiakóvski (é a opinião dos organizadores da *o.c.*, XII, 685):

"Aquele Que Não Nasceu Para o Dinheiro.

"Depois que um homem genial, tendo passado pelo suplício da miséria e da falta de reconhecimento público, alcança uma glória ruidosa, interessa-nos cada traço, cada anedota de sua vida. Nós esquecemos que, atirado pela tempestade da luta para a quieta praia do bem-estar, ele não faz outra coisa senão alimentar-se e ficar deitado a mais não poder, como um náufrago salvo por milagre.

"No romance *Martin Eden*, Jack London foi o primeiro a fazer o vulto de um escritor genial passar através de toda a sua espantosa existência. Infelizmente, o forte e enorme Eden foi estragado por um final choroso. Em seu cine-romance *Aquele Que Não Nasceu Para o Dinheiro*, Maiakóvski apresenta Ivan Nov, que é o mesmo Eden, mas que conseguiu não se deixar esmagar pelo ouro que jorra sobre ele."

Ripellino frisa que Maiakóvski via em *Martin Eden* uma "afinidade profunda com seu próprio destino", o que parece confirmar-se com uma referência explícita a London em "Uma Nuvem de Calças" (*o.c.*, I, 247). Eden foi transformado em futurista, que entra em choque com a sociedade burguesa. Cf. A.M. Ripellino, op. cit., p. 245-247.

O filme *A Senhorita e o Vagabundo* se conservou, embora sem os intertítulos. Respeitando no filme o argumento central da novela de Edmondo de Amicis, Maiakóvski introduziu, porém, cenas que não existiam no original.

Segundo informação do diretor e operador do filme, I.O. Slavínski, não havia roteiro propriamente dito. O que existia era um exemplar da tradução russa da novela (que fora reeditada em 1918), com uma série de anotações à margem, feitas pelo poeta e, na base disso, Maiakóvski e Slavínski elaboravam, cada dia, a folha de montagem (*o.c.*, XI, 696).

Ripellino afirma que Maiakóvski desempenhou o papel central "de forma incisiva e apaixonada", embora o filme seja "o menos significativo dos filmes de Maiakóvski, porque não revela nenhum sinal de sua inventiva metafórica e omite as percepções típicas do futurismo, seguindo quase ao pé da letra o texto de De Amicis". Cf. A.M. Ripellino, op. cit., p. 248-249.

Foi estrelado em maio de 1918.

Perdeu-se o roteiro de *Acorrentada Pelo Filme*, bem como a própria película, mas existe um resumo, anotado segundo relato verbal de Lília Brik e publicado em *o.c.*, XI, 483-485:

"O pintor sente tédio. Caminha pelas ruas, procurando algo. No bulevar, senta-se junto a uma mulher, puxa conversa, mas a mulher de súbito se torna transparente e, em lugar do coração, aparecem-lhe um chapéu, um colar, alfinetes de chapéu. Ele chega em casa. A mulher do pintor também está transparente: em lugar do coração, tem uma garrafa e um baralho.

"No bulevar, uma cigana insiste em ler a sorte para o pintor. Ela agrada-lhe e por isto a conduz a seu estúdio. Entusiasmado, começa a pintar-lhe o retrato, mas o pincel passa a mover-se cada vez mais devagar. A cigana começa a ficar transparente: em lugar de coração, tem moedas. O pintor dá-lhe dinheiro e empurra-a para fora do estúdio. A mulher do pintor procura consolá-lo, mas em vão. Ele sai.

"O escritório de uma grande empresa cinematográfica. Os negócios vão mal; faltam sucessos de bilheteria. Entra um homem elegante, de cavanhaque. Lembra Mefistófeles ou uma personagem de Hoffmann. O homem do cavanhaque trouxe uma caixa com o filme *O Coração do Cinema*. Os donos da empresa estão radiantes. Alugam o filme.

"A febre da publicidade. Pela cidade toda, cartazes de *O Coração do Cinema* (a bailarina de coração nas mãos). Vão passando homens--sanduíche com cartazes, eles distribuem folhetos aos transeuntes. O filme *O Coração do Cinema* é exibido em todas as salas de projeção.

"O pintor entediado vai assistir ao filme. Argumento: o mundo do cinema – a bailarina (coração do cinema) é rodeada por Max Linder, Asta Nielsen e demais celebridades, *cowboys*, investigadores e outras personagens, sobretudo de filmes policiais americanos. A sessão está terminada e o público se dispersa. O pintor abre caminho na direção da tela e aplaude impetuoso. Ficando sozinho na sala às escuras, continua a aplaudir. A tela se ilumina. A bailarina aparece na tela, depois desce dali e se aproxima do pintor. Ele a abraça pelos ombros e acompanha-a na direção da saída. O vigia tranca a porta. Na rua, está escuro, chove e há barulho. A bailarina franze o rosto, recua e desaparece através da porta trancada. O pintor está desesperado, bate furiosamente na porta, mas em vão.

"Encaminha-se para casa. Atira-se na cama: está doente. Vem o médico, examina-o, receita um remédio. Na saída, à porta da casa do pintor, o médico se encontra com a cigana, que está apaixonada pelo rapaz. Estão parados junto a um cartaz de *O Coração do Cinema*; a cigana se informa sobre a saúde do pintor. Os olhos da bailarina do cartaz voltam-se na direção deles: a bailarina presta atenção ao que dizem.

"A empregada do pintor compra remédios na farmácia. Depois vai para casa e, pelo caminho, fica extasiada com os homens-sanduíche. O embrulho se desfaz, os remédios caem no chão. A empregada apanha um cartaz caído e embrulha os remédios. Leva-os ao pintor. Ele faz sair do quarto sua mulher, que está cuidando dele. Desfazendo o embrulho, percebe o cartaz. Desamassa-o e encosta-o ao criado-mudo. A bailarina do cartaz adquire vida e aparece sentada no criado-mudo.

"Ela se levanta e aproxima-se do pintor. Este se alegra ao extremo e no mesmo instante se curva.

"No momento de sua vivificação, a bailarina desaparece de todos os retratos: dos cartazes nas paredes, dos carregados pelos homens-sanduíche e dos folhetos nas mãos dos que leem na rua. E desaparece do próprio filme. No escritório da empresa cinematográfica, o pânico é geral, o mais enfurecido é o homem do cavanhaque.

"O pintor propõe à bailarina que o acompanhe à sua casa de veraneio, nos arredores da cidade. Deixa-a no divã, enrola-a num tubo, como uma fita, segura-a cautelosamente nas mãos, senta-se com o cartaz num automóvel e parte. O pintor com a bailarina chegam à casa de veraneio. Põe nela um vestido, prepara a mesa para o almoço, procura diverti-la, mas ela tem saudades da tela e se atira na direção de tudo que é branco; ela afaga os ladrilhos da estufa, a toalha de mesa.

Finalmente, arranca da mesa a toalha com os pratos de comida, pendura-a na parede e faz uma pose sobre o fundo da toalha. Pede ao pintor que lhe arranje uma tela. Ele se despede da moça, vai de noite a um cinema vazio e arranca a tela com uma faca.

"Enquanto o pintor está roubando a tela, a bailarina passeia no jardim. A cigana, que tem ciúme dela, esgueirou-se para o jardim. Espera ali a bailarina, arma-lhe uma cena e finalmente a apunhala. Na árvore, à qual a bailarina se encostara, há um cartaz pregado com uma faca. Horrorizada, a cigana corre para junto do homem do cavanhaque e conta-lhe onde está a bailarina. Apenas a cigana foge, a bailarina está novamente na vereda do jardim.

"A bailarina espera o pintor num quarto da casa de veraneio. Entram ali o homem do cavanhaque, rodeado das personagens do filme *O Coração do Cinema*, e a cigana, que lhes servira de guia. A bailarina está contente: entediara-se na ausência deles. O homem do cavanhaque enrola-a num filme de cinema, e ela se dissolve neste. Todos saem, fica ali apenas a cigana, que desmaiou.

"O pintor volta com a tela. Não encontrando a bailarina, corre à sua procura pelo quarto. Ele a repele, atira-se na direção de um cartaz de *O Coração do Cinema*, como que procurando a solução do enigma, e de repente vê, na parte bem inferior do cartaz, em letras minúsculas, quase imperceptível, o nome do país do cinema.

"O pintor está num trem, à janela: vai à procura desse país."

Lília Brik recorda, a propósito do roteiro de *Acorrentada Pelo Filme*, que "Maiakóvski escrevia com seriedade e muito entusiasmo, como acontecia com os seus melhores versos". Cf. L. Brik, Reminiscências Sobre Versos de Maiakóvski, em *o.c.*, xi, 697.

Segundo Lília Brik, Maiakóvski pretendia escrever (mas não chegou a fazê-lo) a segunda série do filme, cujo argumento seria a vida do pintor no mundo de além-tela, isto é, no país fantástico povoado pelos mitos cinematográficos, à procura do qual ele sai, no final de *Acorrentada Pelo Filme*.

Maiakóvski fez, no filme, o papel do pintor, e Lília Brik, o da bailarina (segundo retratos da época, ela era então magra e leve). Maiakóvski desenhou também um cartaz de propaganda da película.

Todavia, não o satisfez a realização do filme, conforme se pode constatar pela seguinte passagem (o início) do prefácio que escreveu, em 1926 ou 1927, para uma edição de seus roteiros, então em preparo, prefácio esse que só foi publicado em jornal em 1931, e em livro em 1937.

"Até hoje escrevi ao todo onze roteiros.

"O primeiro, *Corrida Atrás da Glória*, foi escrito em 1913. Por encomenda de Piérski. Alguém da empresa ouviu o roteiro com a máxima atenção e disse, desenganado:

"– Bobagem.

"Fui para casa. Envergonhado. Rasguei o roteiro. Depois, um filme com esse roteiro foi visto em cinemas da região do Volga. Ao que parece, fora ouvido com atenção ainda maior do que me parecera.

"O segundo e terceiro – *A Senhorita e o Vagabundo* e *Aquele Que Não Nasceu Para o Dinheiro* – eram bobagem sentimental encomendada, baseada, respectivamente, em *A Professorinha dos Operários* e *Martin Eden*.

"Não era bobagem porque fosse pior do que os demais faziam, mas porque não era melhor. Foram montados em 1918 pela firma Netuno.

"O diretor, o decorador, os atores e todos os demais fizeram o possível para privar a coisa de qualquer dose de interesse.

"O quarto foi *Acorrentada Pelo Filme*. Depois de me familiarizar com a técnica do cinema, fiz um roteiro que estava no mesmo nível de nosso trabalho literário inovador. A montagem do filme pela mesma Netuno deformou o roteiro até o cúmulo da vergonha". Cf. *o.c.*, xii, 126, 127, referências em 571, 572.

A importância atribuída pelo poeta ao roteiro de *Acorrentada Pelo Filme* foi tal que o reelaborou seis anos depois com o nome de *O Coração do Cinema*, mas este novo roteiro não chegou a ser montado.

O mesmo jogo arrojado da fantasia, a mesma capacidade de combinar os fatos da realidade social com o onírico desenfreado, aparecem em outros roteiros de Maiakóvski, mas sobretudo em *Como Vai?*, que é de 1927.

Outras informações sobre esse tema podem ser encontradas em meu artigo "Maiakóvski e o Cinema", *O Estado de S. Paulo*, 18 mar. 1961. O mesmo Suplemento publicou, em 16 dez. 1961, um artigo muito lúcido e informativo de P.E. Sales Gomes, "O Cineasta Maiakóvski", onde se lê: "Eu me pergunto se já foi avaliado com justiça o papel de Maiakóvski na história do cinema russo. Inclino-me cada vez mais a achar que não." Depois de explicar que isto se deve sobretudo à posição acadêmica e antivanguardista da historiografia oficial soviética, o ensaísta brasileiro afirma: "Lendo-se hoje alguns artigos de Maiakóvski sobre cinema, cuja publicação foi iniciada antes da Primeira Guerra Mundial, é impossível não sentir como suas ideias impregnaram o jovem cinema soviético. É necessário acrescentar que por enquanto alguns escritos foram traduzidos, quase sempre de maneira fragmentária, nas línguas acessíveis aos estudiosos do Ocidente. Por isso não aparece o nome de Maiakóvski nos livros italianos ou franceses dedicados à história das teorias cinematográficas. Quando tudo o que escreveu sobre cinema for reunido em volume e traduzido, Maiakóvski terá certamente para nós maior importância que os respeitáveis, mas pouco estimulantes, Arnheim ou Balasz". E o entusiasmo do ensaísta pelo que lhe fora dado conhecer de Maiakóvski chega a provocar-lhe as seguintes palavras: "Tudo faz crer que Maiakóvski, diferentemente de Apollinaire, cujo pensamento cinematográfico resumiu-se a visões esporádicas de iluminado, tendeu sempre para um sistema bastante organizado de ideias a respeito do filme." O texto deste artigo foi incluído em *Crítica de Cinema no Suplemento Literário*, v. 3, p. 372-376. Informações importantes sobre o assunto podem ser encontradas em A.M. Ripellino, "Maiakóvski e o Cinema", op. cit., p. 241-269.

h Fora planejada ainda em agosto de 1917, porém Maiakóvski passou a trabalhar nela mais intensamente no verão de 1918. Em 27 de setembro de 1918, leu-a no apartamento de amigos, estando entre os presentes o Comissário do Povo Para a Instrução, A.V. Lunatchárski. A partir da leitura, Lunatchárski se tornou defensor intransigente da peça. No entanto, esta encontrou inimigos nos mais diversos escalões, entre os quais M.F. Andriéieva, atriz, mulher de Górki, e que dirigia então a seção teatral do Soviete de Petrogrado. Todavia, conseguiu-se autorização para o espetáculo.

Por sugestão de Lunatchárski, Maiakóvski leu a peça aos atores do antigo Teatro Aleksandrínski. A má acolhida que ela teve entre os atores fez com que se desistisse de sua montagem naquele teatro.

Conseguiu-se então autorização para a sua montagem no Teatro do Drama Musical. Resolveu-se recorrer a atores convocados por anúncio na imprensa. Em 12 de outubro de 1918, diversos jornais de Petrogrado publicaram o seguinte "Apelo aos Atores", assinado por Maiakóvski e outros:

"Camaradas atores! Vocês têm a obrigação de marcar o grande feriado da Revolução com um espetáculo revolucionário. Vocês devem trabalhar no *Mistério-Bufo*, uma representação heroica, épica e satírica de nossa época, da autoria de V. Maiakóvski. Venham todos, domingo, 13 de outubro, à sala da Escola Tiênichev (Mókhovaia, 33). O autor lerá o *Mistério*, o diretor exporá o plano da encenação, o pintor mostrará os esboços feitos e aqueles de vocês que se entusiasmarem com esse trabalho serão os intérpretes. O escritório central de organização das festividades de Outubro fornecerá os meios necessários para a montagem da peça. Todos ao trabalho! O tempo é precioso. Pede-se que compareçam os companheiros que realmente desejam participar do espetáculo, pois o número de lugares é limitado." Maiakóvski encarregou-se de um dos papéis, mas teve de trabalhar em mais dois, cujos intérpretes não apareceram.

A estreia ocorreu em 7 de novembro de 1918 e a peça ficou em cartaz mais duas noites, suscitando protestos e críticas malévolas. Conforme frisa Ripellino, foi Andriéieva quem mandou retirar a peça, sob a alegação de que era "'incompreensível' para os proletários" (cf. A.M. Ripellino, op. cit., p. 88), acusação formulada depois com frequência, suscitando réplicas indignadas de Maiakóvski. Ver o poema "Incompreensível Para as Massas", tradução de H. de Campos, infra, p. 201, .

A peça deveria ser montada em 1910 em São Petersburgo, em diversos teatros de bairro, mas não houve a necessária autorização. Conservaram-se os desenhos do próprio Maiakóvski para os cenários e os figurinos dessa representação projetada.

i Surgindo, porém, a necessidade de multiplicá-los, e sendo muito precárias as condições do trabalho tipográfico, procedeu-se à multiplicação dos cartazes, por meio de modelos de papelão, que se recortavam e depois se colocavam sobre o papel em que se reproduziria o cartaz por meio de *spray*. Deste modo, chegou-se a fazer trezentos exemplares de cada, conseguindo-se distribuí-los pelas filiais da Rosta em diferentes cidades. Evidentemente, era um trabalho insano, mas que se coadunava com a concepção de Maiakóvski de que o poeta é um artesão como outro qualquer, um servidor da República igual aos demais servidores.

j A tradução para o alemão, montada para os participantes do III Congresso do Comintern, era de autoria de Rita Rait, amiga de Maiakóvski, e que deixou valiosas memórias sobre o poeta: "Reminiscências Apenas!" O título é uma alusão ao artigo de Maiakóvski "Tudo Menos Reminiscências..." (*o.c.*, XII, 149-158), onde, referindo-se a essa montagem em alemão, escreveu: "Também este espetáculo foi desmontado no terceiro dia: os mandachuvas do circo decidiram que os cavalos estiveram parados durante um tempo excessivo" (p. 157). Ripellino fala das acusações de desperdício de fundos que se formularam então contra os organizadores do espetáculo e conta que eles sofreram medidas disciplinares (cf. A.M. Ripellino, *Maiakóvski e o Teatro de Vanguarda*, p. 103). Dificuldades semelhantes foram por ele enfrentadas para a impressão do texto.

SUPLEMENTO BIOGRÁFICO

BORIS SCHNAIDERMAN

Na primeira edição deste livro, havia um resumo biográfico, substituído nesta, em sua maior parte, pelo texto de "Eu Mesmo". Para complementá-lo, segue-se o final da referida cronologia.

1929   Estreia de *O Percevejo*. Nova estada em Paris. Escreve *Os Banhos*.

1930   Estreia de *Os Banhos*. O poeta adere à RAPP (Associação Russa dos Escritores Proletários), num período de grandes polêmicas. Inaugura-se a exposição "Vinte Anos da Atividade de Maiakóvski", o que suscita novos debates e ataques ao poeta, enquanto outros preferem simplesmente silenciar sobre a exposição. Maiakóvski e seus amigos ficam evidentemente chocados com a ausência, na inauguração, de representantes das agremiações literárias e da imprensa. Numa discussão pública, que tem lugar no auditório do Instituto Plekhanov de Economia Popular, sofre ataques de estudantes, que repetem as velhas acusações: "Incompreensível para as massas", "usa palavras indecentes" etc. Maiakóvski replica: "Quando eu morrer, vocês vão ler meus versos com lágrimas de carinho". Na ata da sessão consta: "Alguns riem"[93]. A fase de depressão que atravessa é agravada por sucessivas afecções da garganta, particularmente penosas para quem procurava sempre falar em público, e cuja poesia está marcada pela oralidade. Termina o poema "A Plenos Pulmões". Suicida-se com um tiro (14 de abril).

[93] Há uma narração desses fatos baseada na própria ata da sessão, feita pelo secretário desta, V.I. Slavínski, e incluída no livro de reminiscências sobre Maiakóvski, já citado. O poeta Nicolai Assiéiev recorda-os também no livro *Para Que e Para Quem a Poesia é Necessária* (*Zatchém i komu nujná poesia*), Moscou: Soviétski Pissátiel (Escritor Soviético), 1961.

MAIAKOVSKI
МАЯКОВСКИЙ
MAIAKOVSKI
МАЯКОВСКИЙ

POEMAS

MAIAKOVSKI
МАЯКОВСКИЙ
MAIAKOVSKI
МАЯКОВСКИЙ

MAIAKOVSKI

MARKU BOČKIN

MAIAKOVSKI

POEMAS

MAIAKOVSKI

MARKO BOČKIN

MAIAKOVSKI

POEMAS

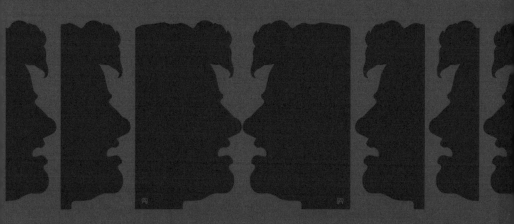

NOITE

Purpúreo e branco, amarfanhado, como ao léu;
no verde lançavam punhados de moedas,
e às negras palmas das janelas em tropel
distribuíam chamas de cartas amarelas.

À praça e às avenidas não era surpresa
nos edifícios deparar togas azuis.
E àqueles que corriam, como chagas vermelhas,
o fogo atava aos pés braceletes de luz.

A multidão – gato solerte, furta-cor –
flexível, deslizava ao chamariz das portas;
cada qual disputando um naco desse ror
sem fim de risadas fundidas como bolas.

Eu, à sedução de um vestido pata e garras,
puxava até seu rosto um sorriso; no guaio
de repiques de lata, negros gargalhavam,
enflorando na testa asas de papagaio.

NOITE[1]

Roxos e brancos foram descartados,
sobre o verde jogaram um monte de ducados,
e nas palmas negras das mãos das janelas,
distribuiram incendiárias cartas amarelas.

Avenidas e praças não pareciam surpreendidas
ao vislumbrarem togas azuis sobre as casas.
E fogos cercavam de braceletes, como feridas
amarelas, pernas que há pouco tinham asas.

A turba – gato furtivo de pelo multicor –
flutuava, sinuosa, em busca de portas-guizo;
todos queriam tirar um pouco do calor
da enorme bola rolante do riso.

Ao apelo de vestes que pediam patas,
infiltrei em seus olhos um sorriso gaio;
negros gaiatos gargalharam batendo latas,
e em suas frontes floriam asas de papagaio.

[2ª versão]

---

[1] Cf. Sobre as Novas Traduções de Maiakóvski, infra p. 275.

MANHÃ

A chuva lúgubre olha de través.
Através
da gra-
de magra
os fios elétricos da ideia férrea –
colchão de penas.
Apenas
as pernas
das estrelas ascendentes
apoiam nele facilmente os pés.
Mas o des-
troçar dos faróis,
reis
na coroa do gás,
se faz
mais doloroso aos
buquêshostisdasprostitutasdotrotoar.
No ar
o troar
do riso-espinho dos motejos –
das venenosas
rosas
amarelas se propaga
em zig-zag.
Ag-
rada olhar de
trás do alarde

e do
medo:
ao escravo
das cruzes
quieto-sofrido-indiferentes,
e ao esquife
das casas
suspeitas
o oriente
deita no mesmo vaso em cinza e brasas.

PORTO

Lençóis de água sob um ventre pando.
Rasgam-se em ondas contra dentes brancos.
Amor. Lascívia. Como o uivo que escorre
das chaminés por gargalos de cobre.
No berço-embocadura barcos presos
aos mamilos de madres de ferro.
À orelha surda dos navios agora
rebrilham brincos de âncora.

DE RUA

Barracas – entre imagens gastas,
Bandejas sangram framboesas.
Num arenque lunar se arrasta
Sobre mim uma letra acesa.

Cravo as estacas dos meus passos,
O tamborim das ruas sente.
Lentamente os bondes-cansaços
Cruzam com lanças fluorescentes.

Alçando à mão o olho arisco,
A praça oblíqua põe-se a salvo.
O céu esgazeia ao gás alvo
O olhar sem-ver do basilisco.

1913 [AUGUSTO DE CAMPOS E BORIS SCHNAIDERMAN]

DE RUA EM RUA

Ru-
as.
As
ru-
gas dos
dogues
dos
anos
sona-
dos.
Nos cavalos de ferro
das janelas das casas que correm
saltaram os primeiros cubos.
Cisnes de pescoços-campanários,
torcei-vos nos fios do telégrafo!
No céu se grava o guache das girafas,
desaviva a ferrugem dos penachos.
Brilhante com truta
o filho
da leiva sem lavra.
O mágico
puxa
da goela do bonde os trilhos,
oculto pelo mostrador da torre.
Estamos ganhos.
Banhos.
Duchas.

Elevador.
A dor leva o corpete da alma.
Ao corpo queimam os dedos.
Grites ou não grites
"Eu não queria!" –
ao corte
queimam
os medos.
O vento farpado
arranca
da chaminé
um farrapo de lã esfumaçada.
O lampião calvo
despe voluptuosamente
da rua
uma meia preta.

EU

    Nas calçadas pisadas
        de minha alma
passadas de loucos estalam
calcâneos de frases ásperas
    Onde
        forcas
      esganam cidades
e em nós de nuvens coagulam
      pescoços de torres
  oblíquas
só
   soluçando eu avanço por vias que se encruz-
                                ilham
à vista
de cruci-
fixos

    polícias

По мостовой моей души изъѣзженной
шаги помѣшанныхъ
бьютъ жесткихъ фразъ пяты
Гдѣ города
повѣшены
и въ петлѣ облака застыли
башенъ кривыя
Выи
иду одинъ рыдать что перекресткомъ
Распяты
Города=
 ВЫЕ

ALGUM DIA VOCÊ PODERIA?

Manchei o mapa quotidiano
jogando-lhe a tinta de um frasco
e mostrei oblíquas num prato
as maçãs do rosto do oceano.

Nas escamas de um peixe de estanho
li lábios novos chamando.

E você? Poderia
algum dia
por seu turno tocar um noturno
louco na flauta dos esgotos?

ÀS TABULETAS

Leiam livros de ferro!
Sob a flauta, uma letra dourada
vai virar uma enguia defumada
e nabos de ouro saltarão da terra.

E se, aos latidos, as constelações
puserem a saltar suas estrelas,
as casas de sarcófagos, ao vê-las,
farão desfiles de caixões.

Quando por fim, com ares de fadiga,
os lampiões apagarem seus olhares,
morram de amores, sob o céu dos bares,
pelas papoulas de faiança antiga!

TEATROS

O conto é sobre os grafitos no tablado
onde uma letra de um metro se aboleta,
e à noite convidam das tabuletas
as pupilas dos anúncios pintalgados,

O automóvel pinta os lábios brancos
da mulher desbotada de Carrière[2];
dois fox terriers em chamas arrancam
peliças dos passantes na carreira.

E assim que uma pera furtaluz
rasgou na sombra as lanças dos ataques,
sobre os ramos das frisas com flores de pelúcia
dependuraram-se pesadamente os fraques.

[2] Eugène Carrière (1849-1906), pintor francês.

ALGO EM PETERSBURGO

As calhas colhem lágrimas do teto,
no braço do rio riscam um grafito;
nos lábios bambos do céu inquieto
cravaram-se mamilos de granito.

O céu – agora calmo – ficou claro:
lá, onde prateia o prato do mar, o
úmido condutor, a passo lento,
leva o camelo de duas corcovas do rio Neva.

ALGO EM PETERSBURGO[3]

Lágrimas rolavam das goteiras do teto
e traçavam riscos nos braços do rio:
mas nos lábios pendentes do céu frio
plantaram pedregosas tetas.

E o céu compreendeu um simples fato:
um úmido tropeiro caçava com desvelo,
lá onde o mar luzia como um prato,
o Neva – duas corcovas de camelo.

[2ª versão]

[3] Cf. Sobre as Novas Traduções de Maiakóvski infra, p. 275.

QUADRO COMPLETO DA PRIMAVERA

Folhinhas.
Linhas. Zibelinas só-
zinhas.

ISTCHÉRPIVAIUCHAIA CARTINA VIESNI

Listótchki.
Póslie strótchec lis
tótchki.

AMOR

A moça entrou no brejo com cuidado,
as rãs amplificaram seus tristes estribilhos,
um vulto ruivacento bamboleou nos trilhos
e os trens curvetearam com ar de enfado.

No véu das nuvens, por entre o sol-carvão,
se infiltraram as mazurcas do vento louco,
e eu aqui estou – *trottoir* do verão
onde mulheres atiram beijos-tocos.

Pobres idiotas, deixem suas casas!
Venham, nus, ao sol, sem preconceitos,
versar vinhos vorazes em odres-peitos
e chuva-beijos em faces-brasas.

RUIDINHOS, RUÍDOS E RUIDAÇOS

Dos ecos da cidade escoam os ruídos
de pneus sussurrados e rodas roncantes,
pés e patas são apenas resíduos,
pegadas e rastros para rotas distantes.

As moças passam com um ruidinho.
Caixas de ruídos, passam os caminhões.
Cavalos trotam com capas de arminho.
Bondes borrifam ruas com trovões.

Em infintos túneis todos vão para a praça,
nadam pelos canais pensamentos cruzados.
E lá, focinho torcido e sujo de graxa,
o ruído é coroado imperador dos mercados.

A CIDADE INFERNAL

As janelas cindiram a cidade infernal
em ínfimos infernos que sugaram a luz.
Os carros saltam, rubros belzebus.
e explodem nos ouvidos seu sinal.

Arenques Kerch nadam nas tabuletas,
ventos ameaçam noites intranquilas,
um velho chora procurando suas lunetas
e um bonde passa arregalando as pupilas.

Entre os arranha-céus, onde o ouro mora,
e o ferro dos trens é posto fora,
um avião urrou e caiu duro
e o olho do sol escorreu sangue escuro.

Sob os lampiões, entre as cobertas amassadas,
a noite desmaiou, lúbrica e nua,
e por detrás do sol pelas estradas
manquitolou, inútil e indolente, a lua.

TÓ PRA VOCÊS![4]

Daqui a uma hora, pelas vielas obscuras,
vocês despejarão suas flácidas gorduras,
e eu tantas prendas de versos lhes ofereço,
eu, que desperdiço e disperso palavras a qualquer preço.

Homens, restos de couves nos bigodes,
sobra de sopas malcozidas e insossas;
mulheres, sob crostas de alvaiade,
como ostras na concha das coisas.

Ante a borboleta que é o coração dos poetas,
atolem-se na lama, com ou sem galocha.
A turba se enfurece, se esfrega e desabrocha,
o piolho de cem cabeças eriça suas patas.

E se hoje, bárbaro rapace,
não quero provocá-los com facécias,
posso rir e cuspir com todo o apreço,
cuspir em sua face,
eu, que disperso e desperdiço palavras a qualquer preço.

[4] O título do poema, nate! (lê-se: "natie"), tem o significado genérico de "Tomem isto!", "Essa é pra vocês!" O tradutor alude aqui a uma frase de Décio Pignatari inscrita na capa de *Teoria da Poesia Concreta* (1965), acompanhada da imagem do "amigo da onça", personagem famoso do cartunista Péricles, da revista *O Cruzeiro*, "dando uma banana" e, dentro do balão, escrito: "Tó pra vocês, chupins desmemoriados!" ("Tó", abreviação de "Toma").

1913   [AUGUSTO DE CAMPOS]

NÃO ENTENDEM NADA

Entrei na barbearia e disse, sem espera:
"Por gentileza, penteie-me as orelhas".
O meloso barbeiro ficou cheio de abelhas,
seu rosto se alongou como uma pera.
"Mentecapto!
Palhaço!" –
saltaram as palavras.
Insultos relincharam pelo espaço,
e l-o-o-o-o-ngamente
ouviu-se o rinchavelho
de uma cabeça que brotou por entre a gente
como um rabanete velho.

BLUSA FÁTUA

Costurarei calças pretas
com o veludo da minha garganta
e uma blusa amarela com três metros de poente.
Pela Niévski do mundo, como criança grande,
andarei, donjuan, com ar de dândi.

Que a terra gema em sua mole indolência:
"Não viole o verde das minhas primaveras!"
Mostrando os dentes, rirei ao sol com insolência:
"No asfalto liso hei de rolar as rimas veras!"

Não sei se é porque o céu é azul celeste
e a terra, amante, me estende as mãos ardentes
que eu faço versos alegres como marionetes
e afiados e precisos como palitar dentes!

Fêmeas, gamadas em minha carne, e esta
garota que me olha com amor de gêmea,
cubram-me de sorrisos, que eu, poeta,
com flores os bordarei na blusa cor de gema!

NO AUTOMÓVEL

"Que noite maravilhosa!"
"Esta
(aponta para a moça)
que era ontem, é
essa?"
Disseram na calçada
"cor –
passou pelos pneus
reio".
A cidade desatarrachou de súbito.
Um bêbado se arrastou para os chapéus.
Os anúncios boquiabriram-se de susto.
Cuspiam
ora um "O"
ora um "S".
Mas na montanha,
onde chorava o escuro
e a cidade
timidamente se entornou,
era como se houvesse
um flácido "O"
e um vil submisso "S".

BALALAICA

Balalaica
[como um balido abala
a balada do baile
de gala]
[com um balido abala]
abala [com balido]
[a gala do baile]
louca a bala
laica

BALALAICA

Balalaica
[budto laiem oborvala
scrípki bala
laica]
[s laiem oborvala]
oborvala [s laiem]
[láiki bala]
láicu bala
laica

E NO ENTANTO

A rua se arruína como o nariz de um sifilítico.
O rio é só volúpia que escorre em saliva.
Com sua roupa branca à mostra até o talo mais raquítico,
os jardins afundam em luxúria viva.

Saio para a praça,
um quarteirão de fogo
grassa em minha cabeça
como uma peruca ruiva.
As pessoas têm medo – em minha boca uiva
o tropel de um grito vomitado que não cessa.

Eu não serei nem condenado nem punido.
Meus passos serão atapetados como os de um profeta.
Todos sabem, com seus narizes em ruína,
que eu sou o seu poeta.

O juízo final me aterroriza como um bar.
Entre as casas em chamas serei o único ser
que as prostitutas levarão nos braços para oferecer
a deus, como uma relíquia, para se justificar.

E deus vai chorar lendo a poesia que eu faço.
Sem palavras, em convulsões rolantes, percorrerá comigo
os céus com meus poemas debaixo do braço
e os lerá, arquejante, de amigo em amigo.

AINDA PETERSBURGO

No ouvido, ecos banais de bacanal,
e um vento, mais gelado que geada,
cara e carótidas de canibal,
mastigava uma gente abobalhada.

As horas, como um chulo xingamento,
escorriam do quinto ou sexto andar.
E o céu vigiava tudo com o ar
de Leon Tolstói em magno monumento.

A MÃE E O CREPÚSCULO MORTO PELOS ALEMÃES

Mães brancas nos caminhos negros
estendem-se – brocados convulsos sobre féretros
O inimigo derrotado, e elas lançam seus ais:
"Fechem, fechem os olhos dos jornais!"

Uma carta.

Seja forte, mãe!
Fumaça.
Fumaça.
Mais
fumaça!
Tua voz que lamenta
distante?
Veja – o ar se pavimenta
de balas como pedras ribombantes!
Ma-m-mãe!
Arrastam agora o crepúsculo ferido.
Resistiu quanto pôde,
duro,
troncudo,
mas de súbito, –
abalando as espáduas sólidas,
o pobre
caiu chorando no colo de Varsóvia.
Estrelas estridulam
em lenços de chita azul:

"Morreu,
morreu
o meu amado!"
E o olho turvo do novilúnio
fita de soslaio
o padioleiro soturno, de inertes punhos.
As aldeias lituanas acodem numa chusma:
embutida na sombra, firme sobre os cotos,
marejando de lágrimas igrejas de olhos de ouro,
Kovno decepa os dedos de suas ruas.
O crepúsculo urra
– sem pernas, sem braços: –
"Não é verdade!
Ainda sou capaz
de
retinindo as esporas numa doida mazurca
torcer as minhas felpas ruivas!"

Tilinta.

Mãe,
quem chama?
Branca, branca, brocado em funeral.
"É ele – ânimo! –
o morto do telegrama.
Ah fechem, fechem os olhos do jornal!"

A FLAUTA-VÉRTEBRA

Prólogo

A todas vocês,
que eu amei e que eu amo,
ícones guardados num coração-caverna,
como quem num banquete ergue a taça e celebra,
repleto de versos levanto meu crânio.

Penso, mais de uma vez:
seria melhor talvez
pôr-me o ponto final de um balaço.
Em todo caso
eu
hoje vou dar meu concerto de adeus.

Memória!
Convoca aos salões do cérebro
um renque inumerável de amadas.
Verte o riso de pupila em pupila,
veste a noite de núpcias passadas.
De corpo a corpo verta a alegria.
Esta noite ficará na História.
Hoje executarei meus versos
na flauta de minhas próprias vértebras.

▶

Ilustração de Maiakóvski para o poema "Flauta-Vértebra".

Estou preso ao papel com o prego das palavras

PALAVRA

A VOCÊS!

Vocês que vão de orgia em orgia, vocês
Que têm mornos bidês e W.C.s,
Não se envergonham ao ler os noticiários
Sobre a cruz de São Jorge[5] nos diários?

Sabem vocês, inúteis, diletantes
Que só pensam encher a pança e o cofre,
Que talvez uma bomba neste instante
Arranca as pernas ao tenente Pietrov?...

E se ele, conduzido ao matadouro,
Pudesse vislumbrar, banhado em sangue,
Como vocês, lábios untados de gordura,
Lúbricos trauteiam Sievieriânin![6]

Vocês, gozadores de fêmeas e de pratos,
Dar a vida por suas bacanais?
Mil vezes antes no bar às putas
Ficar servindo suco de ananás.

◀
O "futurista Vladímir Maiakóvski" em foto de 1914.

5 Condecoração da Rússia czarista, concedida unicamente por ato de bravura em campo de batalha.
6 Ígor Sievieriânin (1887-1942) representava o chamado "egofuturismo", combatido por Maiakóvski e seus companheiros "cubofuturistas" como uma espécie de futurismo de salão.

HINO AO JUIZ

Pelo Mar Vermelho vão, contra a maré,
Na galera a gemer os galés, um por um.
Com um rugido abafam o relincho dos ferros:
Clamam pela pátria perdida – o Peru.

Por um Peru-Paraíso clamam os peruanos,
Onde havia mulheres, pássaros, danças,
E, sobre guirlandas de flores de laranja,
Baobás – até onde a vista alcança.

Bananas, ananás! Pencas felizes.
Vinho nas vasilhas seladas…
Mais eis que de repente como praga
No Peru imperam os juízes!

Encerraram num círculo de incisos
Os pássaros, as mulheres e o riso.
Boiões de lata, os olhos dos juízes
São faíscas num monte de lixo.

Sob o olhar de um juiz, duro como um jejum,
Caiu, por acaso, um pavão laranja-azul:
Na mesma hora virou cor de carvão
A espaventosa cauda do pavão.

No Peru voavam pelas campinas
Livres os pequeninos colibris;
Os juízes apreenderam-lhes as penas
E aos pobres colibris coibiram.

Já não há mais vulcões em parte alguma,
A todo monte ordenam que se cale.
Há um tabuleta em cada vale:
"Só vale para quem não fuma."

Nem os meus versos escapam à censura:
São interditos, sob pena de tortura.
Classificaram-nos como bebida
Espirituosa: "venda proibida".

O equador estremece sob o som dos ferros.
Sem pássaros, sem homens, o Peru está a zero.
Somente, acocorados com rancor sob os livros,
Ali jazem, deprimidos, os juízes.

Pobres peruanos sem esperança,
Levados sem razão à galera, um por um.
Os juízes cassam os pássaros, a dança,
A mim e a vocês e ao Peru.

HINO AO SABE-TUDO

Toda a população de canto a canto
– gentes, passarinhos e invertebrados,
plumagens alertas, pelos eriçados –
nas janelas se põe cheia de espanto.

O próprio sol aguarda, com abril ao lado,
e até o encarvoado limpador
espera o evento raro, etéreo, superior –
a aparição de um sábio celebrado.

Não tem nenhuma qualidade humana.
É uma impotência bípede e senil,
com a cabeça totalmente insana
em sua tese "sobre as verrugas no Brasil".

Dois olhos carniceiros se cravam numa letra.
Ah! como as letras confrangem a gente!
Um ictiossauro assim fincava o dente,
ao morrer, numa pobre violeta.

A coluna entortou como um timão quebrado,
mas o que importa ao sábio esse ínfimo acidente?
Ele aprendeu com Darwin e seu tratado
que o homem do macaco é descendente.

O sol se infiltra por um minúsculo buraco,
como pequena chaga purulenta,
e cai atrás de uma estante pulvurenta,
onde se empilham, caco sobre caco,

o coração de uma garota cozido em iodo,
o prístino pedaço de uma pedra preta,
e sob um alfinete o que parece no seu todo
a cauda seca de um minicometa.

Trabalha a noite inteira. Ressurrecto,
o sol afia os dentes para a humanidade.
Lá embaixo, os aspirantes à universidade
vão para as aulas com ar circunspecto,

de orelhas rubras; mas ao sábio em nada
afetará que cresçam tímidos e tontos;
por outro lado, estarão sempre prontos
para extrair uma raíz quadrada.

HINO AO CRÍTICO

Da paixão de um cocheiro e de uma lavadeira
Tagarela, nasceu um rebento raquítico.
Filho não é bagulho, não se atira na lixeira.
A mãe chorou e o batizou: crítico.

O pai, recordando sua progenitura,
Vivia a contestar os maternais direitos.
Com tais boas maneiras e tal compostura
Defendia o menino do pendor à sarjeta.

Assim como o vigia cantava a cozinheira,
A mãe cantava, a lavar calça e calção.
Dela o garoto herdou o cheiro de sujeira
E a arte de penetrar fácil e sem sabão.

Quando cresceu, do tamanho de um bastão,
Sardas na cara como um prato de cogumelos,
Lançaram-no, com um leve golpe de joelho,
À rua, para tornar-se um cidadão.

Será preciso muito para ele sair da fralda?
Um pedaço de pano, calças e um embornal.
Com o nariz grácil como um vintém por lauda
Ele cheirou o céu afável do jornal.

E em certa propriedade um certo magnata
Ouviu uma batida suavíssima na aldrava,
E logo o crítico, da teta das palavras
Ordenhou as calças, o pão e uma gravata.

Já vestido e calçado, é fácil fazer pouco
Dos jogos rebuscados dos jovens que pesquisam,
E pensar: quanto a estes, ao menos, é preciso
Mordiscar-lhes de leve os tornozelos loucos.

Mas se se infiltra na rede jornalística
Algo sobre a grandeza de Púchkin ou Dante,
Parece que apodrece ante a nossa vista
Um enorme lacaio, balofo e bajulante.

Quando, por fim, no jubileu do centenário,
Acordares em meio ao fumo funerário,
Verás brilhar na cigarreira-souvenir o
Seu nome em caixa alta, mais alvo do que um lírio.

Escritores, há muitos. Juntem um milhar.
E ergamos em Nice um asilo para os críticos.
Vocês pensam que é mole viver a enxaguar
A nossa roupa branca nos artigos?

HINO À COMILANÇA

Glória a vocês, que comem por milhões!
E aos milhares que vão matar a fome!
Fabricantes de bifes, pães, salmões,
E os mil pratos de tudo o que se come.

Mesmo que cem obuses
despedacem mil Reims[7] –
há sempre coxas de avestruzes
e os bifes hão de sempre cheirar bem!

Estômago insaciável! Terás apetite
para morrer por Eras novas?
Estômago que tudo aprovas,
exceto a cólera ou a apendicite!

Em vão cobiças o toicinho
com a pupila dilatada.
Podes pôr óculos num intestino
cego, ele nunca verá nada.

Não te cai mal! Porém, se, escancarada,
há uma só boca, sem olhos, sem nuca –
poderás entupir a tua boca
com uma inteira abóbora recheada.

[7] Em setembro de 1914, a artilharia alemã destruiu a Catedral de Reims (século XIII).

Sem olhos, sem ouvidos, vai, descansa
com um naco de bolo em tua mão;
qualquer dia teus filhos ainda vão
jogar bola em tua pança.

Dorme, sem que te importe a sangrenta
sanha mundial. Pois, para teu deleite,
as vacas continuam a dar leite
e a carne de boi é suculenta.

Se massacrarem a última rês
e os moínhos a última reserva,
servo de teus costumes de burguês,
fabricarás estrelas em conserva.

E se de pães e bifes sufocares,
nós gravaremos em teu monumento:
"Pelos milhões de almoços e jantares,
aqui vão quatrocentos mil por cento".

ALGO SOBRE UM MAESTRO

À luz elétrica tudo era roxo.
Coxas se espremiam nos sofás.
Eis que o maestro num muxoxo
ordenou que os músicos chorassem.

E logo, onde a gula mergulhara
até a barba no glúteo salmão
a goela de um glutão – em plena cara –
metalágrimas caem do pistão.

Mal tinham três soluços foxtrotes
eructado entre os áureos maxilares
e um trote de trombones e fagotes
pisoteou-o, e foi tudo pelos ares.

Quando o último freguês, já sem andar,
desabou com a cara no jantar,
o maestro atacou com os metais
para que urrassem como animais.

Entre os dentes e o vinho da carcaça,
enfiou um pistão de cúprea massa
e soprou, para ouvir por entre os dentes
o ventre com mais choros descontentes.

Pela manhã, colérico, em jejum,
o dono, sem freguês e sem nenhum,
vê o maestro no lustre pendurado,
já azul e cada vez mais azulado.

LÍLITCHKA!

EM LUGAR DE UMA CARTA

Fumo de tabaco rói o ar.
O quarto –
um capítulo do inferno de Krutchônikh[8].
Recorda –
atrás desta janela
pela primeira vez
apertei tuas mãos, atônito.
Hoje te sentas,
no coração – aço.
Um dia mais
e me expulsarás,
talvez, com zanga.
No teu **hall** escuro longamente o braço,
trêmulo, se recusa a entrar na manga.
Sairei correndo,
lançarei meu corpo à rua.
Transtornado,
tornado
louco pelo desespero.
Não o consintas,
meu amor,
meu bem,
digamos até logo agora.
De qualquer forma
o meu amor

---

[8] Alusão ao poema "Um Jogo no Inferno", de A. Krutchônikh e V. Khlébnikov.

– duro fardo por certo –
pesará sobre ti
onde quer que te encontres.
Deixa que o fel da mágoa ressentida
num último grito estronde.
Quando um boi está morto de trabalho
ele se vai
e se deita na água fria.
Afora o teu amor
para mim
não há mar,
e a dor do teu amor nem a lágrima alivia.
Quando o elefante cansado quer repouso
ele jaz como um rei na areia ardente.
Afora o teu amor
para mim
não há sol,
e eu não sei onde estás e com quem.
Se ela assim torturasse um poeta,
ele
trocaria sua amada por dinheiro e glória,
mas a mim
nenhum som me importa
afora o som do teu nome que eu adoro.
E não me lançarei no abismo,
e não beberei veneno,
e não poderei apertar na têmpora o gatilho.

Afora
o teu olhar
nenhuma lâmina me atrai com seu brilho.
Amanhã esquecerás
que eu te pus num pedestal,
que incendiei de amor uma alma livre,
e os dias vãos – rodopiante carnaval –
dispersarão as folhas dos meus livros…
Acaso as folhas secas destes versos
far-te-ão parar,
respiração opressa?

Deixa-me ao menos
arrelvar numa última carícia
teu passo que se apressa.

26 maio 1916, petrogrado [augusto de campos]

ESCÁRNIOS

Desatarei a fantasia em cauda de pavão num ciclo de matizes,
entregarei a alma ao poder do enxame das rimas imprevistas.
Ânsia de ouvir de novo como me calarão das colunas das revistas
esses
que sob a árvore nutriz es
cavam com seus focinhos as raízes.

COME ANANÁS

Come ananás, mastiga perdiz.
Teu dia está prestes, burguês.

IECH ANANÁCI

Iech ananáci, riábtchicov jui,
Dienh tvoi posliédnii prihódit, burjui.

NOSSA MARCHA

Troa na praça o tumulto!
Altivos píncaros – testas!
Águas de um novo dilúvio
lavando os confins da terra.

Touro mouro dos meus dias.
Lenta carreta dos anos.
Deus? Adeus. Uma corrida.
Coração? Tambor rufando.

Que metal será mais santo?
Balas-vespas nos atingem?
Nosso arsenal é o canto.
Metal? São timbres que tinem.

Desdobra o lençol dos dias
cama verde, campo escampo.
Arco-íris arcoirisa
o corcel veloz do tempo.

O céu tem tédio de estrelas!
Sem ele, tecemos hinos.
Ursa-Maior, anda, ordena
para nós um céu de vivos.

Bebe e celebra! Desata
nas veias a primavera!
Coração, bate a combate!
O peito – bronze de guerra.

NACOS DE NUVEM

No céu flutuavam trapos
de nuvem – quatro farrapos:

do primeiro ao terceiro – gente;
o quarto – um camelo errante.

A ele, levado pelo instinto,
no caminho junta-se um quinto.

Do seio azul do céu, pé ante
pé, se desgarra um elefante.

Um sexto salta – parece.
Susto: o grupo desaparece.

E em seu rasto agora se estafa
o sol – amarela girafa.

Необычайнейшее...

...
при
ключе
ние, быв
шее со мн
ой, с Влади
миром Владими
ровичем Маяковск
им, на даче,—станция
Пушкино, Акулова гора,
дом Румянцевой, 27 верст
от Москвы, по Ярославской ж. д.

▲
"A Extraordinária...

...aventura vivida por mim, Vladímir Vladimirovitch Maiakóvski na datcha – estação Púchkino, monte Akula, casa de Rumiántzev, a 27 verstas de Moscou, pela estrada de ferro de Iaroslávl".

Da edição Solntze (O Sol). Moscou/Petrogrado, 1923

A EXTRAORDINÁRIA AVENTURA VIVIDA POR VLADÍMIR MAIAKÓVSKI NO VERÃO NA DATCHA[9]

(Púchkino, monte Akula, datcha de Rumiántzev, a 27 verstas[10] pela estrada de ferro de Iaroslávl)

A tarde ardia com cem sóis.
O verão rolava em julho.
O calor se enrolava
no ar e nos lençóis
da datcha onde eu estava.
Na colina de Púchkino, corcunda,
o monte Akula,
e ao pé do monte
a aldeia enruga
a casca dos telhados.
E atrás da aldeia,
um buraco
e no buraco, todo dia,
o mesmo ato:
o sol descia
lento e exato.
E de manhã
outra vez
por toda a parte
lá estava o sol
escarlate.

9 *Datcha* – casa de veraneio.
10 *Versta* – medida itinerária equivalente a 1067 m.

Dia após dia
isto
começou a irritar-me
terrivelmente.
Um dia me enfureço a tal ponto
que, de pavor, tudo empalidece.
E grito ao sol, de pronto:
"Desce!
Chega de vadiar nessa fornalha!"
E grito ao sol:
"Parasita!
Você, aí, a flanar pelos ares,
e eu, aqui, cheio de tinta,
com a cara nos cartazes!"
E grito ao sol:
"Espere!
Ouça, topete de ouro,
e se em lugar
desse ocaso
de paxá
você baixar em casa
para um chá?"
Que mosca me mordeu!
É o meu fim!
Para mim
sem perder tempo
o sol

alargando os raios-passos
avança pelo campo.
Não quero mostrar medo.
Recuo para o quarto.
Seus olhos brilham no jardim.
Avançam mais.
Pelas janelas,
pelas portas,
pelas frestas,
a massa
solar vem abaixo
e invade a minha casa.
Recobrando o fôlego,
me diz o sol com voz de baixo:
"Pela primeira vez recolho o fogo,
desde que o mundo foi criado.
Você me chamou?
Apanhe o chá,
pegue a compota, poeta!"
Lágrimas na ponta dos olhos
– o calor me fazia desvairar –
eu lhe mostro
o samovar:
"Pois bem,
sente-se, astro!"
Quem me mandou berrar ao sol
insolências sem conta?

Contrafeito
me sento numa ponta
do banco e espero a conta
com um frio no peito.
Mas uma estranha claridade
fluía sobre o quarto
e esquecendo os cuidados
começo
pouco a pouco
a palestrar com o astro.
Falo
disso e daquilo,
como me cansa a Rosta[11],
etc.
E o sol:
"Está certo,
mas não se desgoste,
não pinte as coisas tão pretas.
E eu? Você pensa
que brilhar
é fácil?
Prove, pra ver!
Mas quando se começa
é preciso prosseguir
e a gente vai e brilha pra valer!"
Conversamos até a noite
ou até o que, antes, eram trevas.

[11] Sigla de Rossliskoie Tielegráfnoie Aguentstvo (Agência Telegráfica Russa), instituição fundada em 1918 e na qual Maiakóvski trabalhou intensamente no preparo de cartazes (desenho e legendas) satíricos de notícias – as "janelas" Rosta –, de 1919 a 1922.

Como falar, ali, de sombras?
Ficamos íntimos,
os dois.
Logo,
com desassombro,
estou batendo no seu ombro.
E o sol, por fim:
"Somos amigos
pra sempre, eu de você,
você de mim.
Vamos, poeta,
cantar,
luzir
no lixo cinza do universo.
Eu verterei o meu sol
e você o seu
com seus versos."
O muro das sombras,
prisão das trevas,
desaba sob o obus
dos nossos sóis de duas bocas.
Confusão de poesia e luz,
chamas por toda a parte.
Se o sol se cansa
e a noite lenta
quer ir pra cama,
marmota sonolenta,

eu, de repente,
inflamo a minha flama
e o dia fulge novamente.
Brilhar pra sempre,
brilhar como um farol,
brilhar com brilho eterno,
gente é pra brilhar,
que tudo o mais vá pro inferno,
este é o meu slogan
e o do sol.

ORDEM Nº 2 AO EXÉRCITO DAS ARTES

A vós
– barítonos redondos –
cuja voz
desde Adão até à nossa era
nos atros buracos chamados teatros
estronda o ribombo lírico de árias.

A vós
– pintores –
cavalos cevados,
rumino-relichante galardão eslavo,
no fundo dos estúdios, cediços como dragos,
pintando anatomias e quadros de flores.

A vós
rugas na testa entre fólios de mística
– microfuturistas[12],
    -imagistas,
    -acmeístas –
emaranhados no aranhol das rimas.

A vós –
descabelando cabelos bem-penteados,
barganhando escarpins por solados,

---

12 Provável referência aos "egofuturistas", liderados por Ígor Sievieriânin e combatidos por Maiakóvski e seus companheiros "cubofuturistas", como praticantes de uma espécie de futurismo de salão.

vates do Proletcult[13],
remendões do fraque velho de Púchkin.

A vós –
bailadores, sopradores de flauta,
amolecendo às claras
ou em furtivas faltas,
e figurando o futuro nos termos
de um imenso quinhão acadêmico[14].
A vós todos
eu –
que acabei com berloques e dou duro na Rosta –
gênio ou não gênio, tenho
a dizer: basta!
Abaixo com isso,
antes que vos abata o coice dos fuzis.
Basta!
Abaixo,
cuspi
no rimário,
nas árias,
nos róseos açafates
e mais minincolias
do arsenal das artes.
Quem se interessa
por ninharias
como estas: "Ah pobre coitado!
Quanto amou sem ter sido amado…"?

[13] Sigla de Proletárskaia Cultura (A Cultura Proletária), denominação de uma agremiação literária surgida após a Revolução e que se caracterizou por uma série de posições sectárias.

[14] No período de grandes privações que se seguiu à Revolução de Outubro e à deflagração da Guerra Civil, foi estabelecido o que se denominou a "ração acadêmica", destinada a cientistas, escritores e artistas.

Artífices,
é o que o tempo exige,
e não sermonistas de juba.

Ouvi
o gemido das locomotivas,
que lufa das frinchas, do chão:
"Dai-nos, companheiros,
carvão do Don!
Ao depósito, vamos,
serralheiros,
mecânicos!"

À nascente dos rios,
deitados com furos nas costas,
– "Petróleo de Baku!" – pedem navios
uivando nas docas.

Perdidos em disputas monótonas,
buscamos o sentido secreto,
quando um clamor sacode os objetos:
"Dai-nos novas formas!"

Não há mais tolos boquiabertos,
esperando a palavra do "mestre".
Dai-nos, camaradas, uma arte nova
– nova –
que arranque a República da escória.

DE "V INTERNACIONAL"

Eu
à poesia
só permito uma forma:
concisão,
precisão das fórmulas
matemáticas.
Às parlengas poéticas estou acostumado,
eu ainda falo versos e não fatos.
Porém
se eu falo
"A"
este "a"
é uma trombeta-alarma para a Humanidade.
Se eu falo
"B"
é uma nova bomba na batalha do homem.

DE **SOBRE ISTO** (FRAGMENTO)

I
BALADA NO "READING GAOL"

> Fiquei ali – eu me lembro.
> Havia aquele brilho.
> E aquilo
> então se chamava Neva.
>
> Maiakóvski, **O Homem**

De balada e baladas

Velha é a melodia das baladas.
Mas se as palavras combalidas
falam daquilo que as abala,
de novo soam belas as baladas.
Travessa Lubiânski.[15]
                Beco Vodopiâni.[16]
                              Essa
a tela.
    Esse
        o tom.
Na cama, ela.
            Insone,
ele.
      Sobre a mesa o telefone.

---

15 Rua em que morava Maiakóvski.
16 Rua em que Lília Brik morava.

"Ele" e "ela" – eis a balada.
Não é nova essa novela.

Estranho
   é que esse "ele" seja eu
e seja minha
    essa "ela".
Por que preso?
    Natal.
      Babel. A
casa não tem grades na janela.
Isso não interessa.
     Eu digo: preso.
A mesa.
   O fone sobre a mesa.

Um número se liberta do fio

Mal o toquei – a pele empola.
Rola
  das mãos o fone.
Da marca do aparelho,
duas flechas
    – vermelho
relâmpago o telefone.
O quarto do vizinho.
     O vizinho
      sono
lento: – Que foi?
    Um guincho
      de leitão ferido?

Os guizos das queimaduras rincham.
O telefone em chamas.
Ela está doente!
                De cama!
Corre!
        Rápido!
                Vamos!
A carne fuma, a queimadura abrasa.
Raios percorrem meu corpo revolto.
Sob a tensão de milhares de volts
meus lábios fervem no fone em brasa.
Ele cava
           um túnel
                      na casa
e lavra
       a rua Miasnítzki
                      de passagem.
Estilhaçando
            o fio,
                  o número
envia
       uma bala –
               mensagem.
Os olhos da telefonista crescem,
trabalhando por dois
                de graça.

A lâmpada vermelha de novo incandesce.
Está tocando!
             O fogo passa.
Súbito,
        como se as lâmpadas enlouquecessem,
toda a rede de fios se despedaça.
– 67-10![17]
Ligue-me! –
Com o beco!
             Depressa!
                       Com a calma Vodopiâni!
Veja!
      A eletricidade num ciclone –
presente de Natal –
                    fará saltar ao ar
                                     em pane
você
     com todas
              as estações
                         de telefone.

17 Número do telefone de Lília.

SOBRE ISTO (FRAGMENTO)

Repensando
o passado

Cruz,
    braços em cruz,
            esgares de espantalho,
mantenho o prumo,
        a pique no alto cume.
A noite engrossa,
        não vejo mais de um palmo.
Lua.
    E embaixo de mim,
          o gelo do Machuk[18].
Agora nem sequer mantenho a linha
de equilíbrio, –
        boneco de cartão que agita os braços.
Logo vão me ver.
        Estou à mostra aqui em cima.
Olhem:
        Espias-Pínkerton[19] fervilham no Cáucaso.
Já me viram.
        Já fizeram circular o sinal.

---

[18] Montanha do Cáucaso. Em sua encosta, teve lugar o duelo em que foi morto o poeta M.I. Lérmontov (1814-1841), depois de se ter criado em torno dele um clima de hostilidade por parte de oficiais ligados às autoridades. Aquele duelo é considerado por alguns biógrafos um verdadeiro assassínio premeditado, pois Lérmontov era visto como um não conformista, um rebelde.

[19] A agência Pinkerton de detetives ficou célebre nos Estados Unidos a partir da década de 1850. Ligada aos meios governamentais, destacou-se no combate às greves, na luta contra o banditismo etc. Suas atividades estenderam-se a outros países, e isso contribuiu para a sua fama sinistra.

Entes queridos,
              amigos,
                         uma esteira de gente,
senhas por todo o globo,
                         consenso universal.
Para o ajuste de contas,
                         os duelistas vêm na frente.
Se ouriçam,
         se eriçam,
                    acorrem, mais e mais...
Cospem nas mãos.
                    Espalmam as mãos sucosas.
Com as mãos,
           com o vento,
                       sem pena,
                                zás-trás,
meu rosto, esbofeteado, vira esponja porosa.
Galerias, –
           primícias de butiques de luvas.
Damas,
       sacaríneo-cheirosas, perfumadas,
desenluvam-se,
               alvejam-me,
                          uma chusma
de butiques de luvas no meu rosto, –
                                    bofetadas.
Jornais,
        revistas,
                 nada de olhar sem rumo!

Em socorro dos objetos que me voam às fuças
lufa,
     de cada página,
          uma fúria de insultos.
Falatório na orelha!
          Unhá-lo com calúnias!
Eu, um aleijado, com mazelas de amor.
Preparem uma tina para a própria lixívia.
Que mal faço a vocês?
          Por que tanto rancor?
Sou coração apenas,
     sou apenas poesia.
Mas de baixo:
     o poeta
          – Não!
             Você é o inimigo secular.
Já pegamos um dos seus, –
          aquele hussardo[20].
Venha cheirar a pólvora, o chumbo,
          está no ar.

Camisa aberta!
     Não é hora de festejar um covarde.
Mais açoite que a chuva,
          mais vigor que o trovão,
sobrancelha
     ajustada
          a sobrancelha,

[20] Referência a Lérmontov.

baterias, fuzis,
             um batalhão,
de cada Mauser, de cada Browning,
                              certeiras,
de cem,
      de dez passos,
                  de dois, –
cara a cara –
           carga após carga.
Param, reanimam-se, depois
novo enxurro de chumbo –
                       descarga.
Liquidado!
        Coração chumbado!
Não há mais que temer o temor!
No fim do final, –
             ei-lo finado.
E finou-se o temor e o tremor.

Isto, o que restou A matança acabou.
                  A alegria borbulha.
Degustando detalhes,
                passos miúdos dispersam-se.
Somente no Kremlin
             os farrapos do poeta
brilham contra o vento,
                 uma bandeira rubra.

E o céu
        como antes
                lírico-estrelante.
Os astros
        a olhar,
                siderados de assombro,
e a Ursa Maior,
                hipertrovadorante!
Para quê?
        Insinuar-se, num assomo,
rainha dos poetas?
                Desde eras-Ararat arrastas,
                                ó Enorme,
essa Arca-ou-Colher
                no dilúvio dos céus!
A bordo,
        estrelonauta,
                um irmão ursiforme:
eu grito meus versos ao cósmico escarcéu!
Rápido!
        Rápido!
                Rápido!
Transespaço!
        Além!
                Olho firme!
O sol irradia os picos.
Do cais, os dias sorriem.

JUBILEU

Aleksandr Sierguéievitch[21],
           me apresento, se permite:
                      – Maiakóvski.
Dê-me a mão!
        Eis a jaula do tórax.
                Ouve?
                    Não vibra, –
gane,
    este filhote de leão domesticado.
Preocupa-me!
          Parece-me que trago
toneladas de vexame
                na cabeça frívola.
Venha,
    eu o tiro daí.
            Que ar de surpresa!
Puxei forte?
      Doeu?
           Lamento, amigo.
Você
   e eu,
      já estamos bem providos
de eternidade.
            O tempo nos sobeja!
Vamos conversar
              como água célere,

[21] Aleksandr Sierguéievitch Púschkin, cujo 125º aniversário de nascimento o poema comemora.

como a primavera,
              que livra e libera.
Veja
     no céu
          esta lua-donzela,
que perigo!,
          saindo
                sem nenhum satélite!
Eu
   agora
       estou livre
             do amor,
                  dos cartazes.
O urso
     do ciúme
          é um tapete de unhas.
Quem quiser
          uma prova
                de que a terra é curva,
sentado
       sobre as próprias nádegas,
                              resvale!
Não,
    não vou impor
              os meus humores negros,
já não quero falar,
              e com quem falaria?

São
    as guelras da rima,
                aflando sem sossego,
em gente como nós,
            na areia da poesia.
O sonho é dano,
       a fantasia inútil,
é preciso
      arrastar
           as rotinas do tédio.
Mas ocorre
       que a vida
            tome um perfil inédito,
e revele
      a grandeza
           através do que é fútil.
Nós dois
      contra o lirismo,
            baioneta calada,
buscamos
      a nudez
           da palavra precisa.
A poesia,
     porém,
        é uma não-sei-que-diga,
largada por aí,
      sem ligar para nada.

Isto,
      por exemplo,
                  é falado ou balido?
Bigodes abóbora
            no focinho azul:
– Nabucodonosor,
                o rei bíblico? –
"Coopaçúc"[22].
Há um velho sistema:
                    Vamos encher a cara!
Afogar
      as penas
            no vinho.
Mas repare,
          que os Red e White Stars[23]
não passem à deriva
                  com uma carga de vistos.
Você,
    à minha mesa!
                Isto me alegra!
Hábil
    a Musa
          lhe dá corda:

[22] Alusão às tabuletas da Cooperativa da Indústria Açucareira, que eram azuis, com raios laranja, entre os quais aparecia um pão de açúcar.
[23] Companhias de navegação.

– O que
          dizia mesmo
                    aquela Olga?…
– Olga?
      Tatiana!
                A carta de Oniéguin:

"Teu marido
          é um velho obtuso,
                         um eunuco.
Amo-te.
      Sê minha!
                E sem falta!
Já de manhã
          quero ficar seguro
de ver-te
      logo mais
                nesta data."[24]
Houve de tudo:
            a espera sob a janela,
cartas,
      os nervos como geleia…
Mas o pior,
          Aleksandr Sierguéievitch,

[24] Paródia de um episódio de *Ievguêni Oniéguin*, o grande romance em versos de Púschkin.

é ter passado
              do ponto
                            de afligir-se.
Marche,
        Maiakóvski!
                            Mais ao norte!
Coração
          torturado de rimas.
Entregue
          o amor
                  à própria sorte,
meu caro
          Vladímir Vladímitch.
Envelheço?
           Não,
                não é fato.
Investindo
          com toda
                    esta carcaça,
dou conta de dois,
                sem sobressalto,
e até de três,
            se me fazem pirraça.
Tacham meus temas
                    de in-di-vi-du-a-lis-tas!
Que o censor não se irrite,
                        entre nous:

       até dois membros
                     da Central Comunista
há quem diga
              ter visto
                      aos arrulhos...
Um mexerico,
            pelo amor do fuxico.
Não dê ouvidos,
                Aleksandr Sierguéievitch!
Serei
     talvez
           no fundo
                   o único triste
por não tê-lo
             mais hoje
                      entre os vivos[25].
Em vida,
        nos teríamos entendido.
Mas breve
          estarei mudo
                       e inerme,
e mortos,
          seremos já
                     quase vizinhos:
você na letra P,

25 Maiakóvski fora acusado de desrespeito à memória de Púschkin.

                        eu
                                na letra M.
        Quem se põe entre nós?
                                        Você o que me diz?
        Que país
                mais pobre
                                de poetas!
        Entre nós
                – maldição! –
                                        Nádson se intromete[26].
        Vamos ver
                se o remetem
                                        para as bandas do X.
        E Niekrassov[27],
                        Kólia,
                                filho do extinto Aleixo?
        Bom nas cartas,
                        nos versos,
                                e não mau no aspecto?
        Você o conhece?
                        Excelente sujeito!
        Fica conosco,
                é um companheiro certo.
        Os meus contemporâneos?!
                        Se quer que eu prossiga...

---

26 O poeta sentimental S.I. Nádson (1862-1887).
27 O poeta N.A. Niekrassov (1821-1878).

Trocá-lo
        por cinquenta
                seria mau negócio.
Bocejos
       de arrancar
              mandíbula!
Dorogóitchenco,
          Guerássimov,
                  Kirilov,
                          Rodov..
(Um cenário
        uniconformissário).
E vem
      lessiênin
           e a mujicante malta.
Que farsa!
        São vacas de luvas.
Ouve-se uma vez,
          e basta!
                Música
de balalaica!
É preciso
        que o poeta
                seja mestre da vida.
Nós ambos
        somos fortes
                – álcool de Poltava.

E Biezimiênski?
                Bem...
                              Não é de nada...
Café
      de cenoura fervida...
É verdade,
           ficou faltando
                      Assiéiev.
Este vale!
         Tem a minha pegada.
Mas é pai de família
                      e deve
(Pequena ou não)
                      alimentá-la...
Se você
        fosse vivo,
                eu o faria
corredator da LEF[28],
                e seria capaz
de confiar-lhe
          até
                a poesia-cartaz.
Mostrava como se faz:
                – e zás! –
                        com esse estilo,

---

28 Sigla de *Liévi Front* (Frente de Esquerda), revista dirigida por Maiakóvski.

não duvido,
             você aprenderia!
Eu lhe arranjaria
             tinta
                      e pano,
damas do GUM[29]
             para os reclames.
(Como prova
             de quanto sou longânime,
acabei
      de ciciar-lhe
                um jambo…).
Mas vejo-o
         relegando
                a jâmbica balbúcie.
Agora a pena
         é arma,
              uma farpa de espeque.
Junto à Revolução,
             Poltava é pó[30],
                      minúcia.
Nosso amor é maior
             que os amores de Oniéguin.

[29] Sigla de uma grande loja de Moscou.
[30] Cidade da Ucrânia junto à qual Pedro, o Grande, venceu Carlos XII da Suécia em 1709. "Poltava" é também o título de

Tema os puchkinistas!
                    Miolomole Pelúchkin[31]
solavanca-se
            logo,
                    a escrever com ferrugem:
– Púchkin na LEF?
                É o que faltava!
O negregando![32]
                    Rival de Dierjávin…[33]
Eu o amo,
        mas vivo,
                    não múmia.
Sem o verniz
            dos florilégios-catacumba.
O Africano,
            que também sentiu fúria:

um poema narrativo de Púschkin que celebra esse feito.

[31] Pliúchkin é a personificação da avareza em *Almas Mortas* de Gógol. O nome original provém de *pliuch* (pelúcia).

[32] No original há uma alusão ao fato de que o bisavô de Púschkin, pela linha materna, era abissínio e fora enviado a Pedro, o Grande, como presente, pelo embaixador russo em Constantinopla. A alusão recorre mais adiante em "o Africano".

[33] G.R. Dierjávin (1743-1816). No texto, parece haver alusão ao fato de Dierjávin ter sido o poeta da corte de Catarina II.

– Aquele D'Anthés[34],
                    filho de um cão!
                                        Refugo mundano de salão!
Deixe,
        que ao D'Anthés
                        faremos uma enquete[35].
                                        Nome? Filiação?
Ocupação antes de 17?
                    E o D'Anthés se escafede.
                                        É o fim dessa súcia…
Que conversa vazia!
                    Respira coisa espírita…
"Prisioneiro da honra…
                    uma bala…
                                e perece…"
Mas hoje
        a mesma ronda
                        ainda gira
matilha
        e nos caça as mulheres…
Estamos bem aqui,
                no país dos Sovietes,
vivendo
        e trabalhando
                    em harmonia.

[34] Púschkin foi morto em duelo por Georges Charles d'Anthés, oficial francês então a serviço da Rússia.
[35] Alusão às enquetes muito frequentes e obrigatórias então na Rússia.

Pena
     apenas
          que nos faltem poetas.
Mas será
     que eles teriam serventia?
É hora,
     a aurora arregalou seus raios.
Vamos,
     eu ajudo,
          de volta ao pedestal.
O vigia
     pode vir
          procurá-lo:
na Avenida Tvierskaia,
     você é figura habitual.
A mim,
     a meu posto,
          uma estátua é devida.
Dinamite:
     – eu a explodo em detritos!
Odeio
     a morte e seu mortiço.
Adoro
     aquilo que é vida.

BLACK & WHITE

Se
    Havana
        de relance distingues,
é um paraíso,
        um país de verdade.
Sob as palmas,
        numa só perna,
            flamingos.
Flores
    colorem
        todo o Vedado[36].
Em Havana
    tudo
        é demarcado claramente:
aos brancos – dólares,
        aos negros – nada.
Por isso
    Willie para
        com a escova à frente
da "Henry Clay & Bock, Limitada".
Em sua vida
    Willie
        varreu quilos –
só de poeira
    todo um vale.

[36] Bairro de Havana.

Por isso
        é ralo
                o cabelo de Willie,
por isso
        o ventre de Willie
                      é um valo.
De alegrias – só um escuro espectro:
seis horas
        para tirar uma pestana,
se é que esse
        ladrão,
                o inspetor da aduana,
não lança de passagem
                      algum tostão
                              ao preto.
Como livrar-se de tanto lixo?
Só se
    ele andasse
                de cabeça para baixo.
Assim
    amontoaria mais pó:
os cabelos são mil,
                os pés
                      dois só.
Ao lado
        passava
                a elegante rua Prado.

Ali retinem,
        ali ressoam
                quilômetros de jazz.
Parece ao pobre preto
            estuporado
que o velho paraíso
            em Havana se refaz.
Poucos meandros
            há na sua mente,
poucos renovos,
            pouca semente.
Uma coisa
        somente
                Willie aprendeu,
mais firme
        que as pedras
                da estátua de Maseo[37]:
"Ao branco,
        o ananás maduro,
                ao preto,
o podre
        – uma só lei.
Ao branco,
        trabalho de rei,

[37] Antonio Maseo (1845-1896), um dos líderes do movimento pela independência de Cuba.

ao preto,
        trabalho duro."
Poucos problemas o torturam,
mas um
        na cabeça
                penetra como um prego.
E quando esse problema
                o crânio lhe perfura,
a escova
        escorrega
                das mãos do negro.
Como por acaso
        numa dessas vezes
o rei dos charutos,
                Mister Henry Clay,
recebe em sua casa,
                mais alvo que uma nuvem,
                              o rei
de todos os açúcares, sua alvíssima alteza.
O negro
        se acercou da mole branca:
"I beg your pardon, Mister Bregg!
Por que
        o açúcar
                branco-branco
o negro-negro
        tem de fazê-lo?

O charuto preto
                    não vai bem com seu cabelo,
combina é com o pelo
                    negro de um negro.
E se o café
            com açúcar
                        lhe apraz,
por que o sr. mesmo não o faz?"
Tal pergunta
            não passou em branco.
O rei
    de alvaiade
                vira cor de bile.
Voltou-se
        a majestade
                    e de um tranco
lançou ambas as luvas
                    na face de Willie.
Floresciam
            em volta
                    prodígios de botânica.
Bananeiras
            teciam
                    tetos primaveris.
Limpou
        o negro
                em suas calças brancas

as mãos,
            o sangue do nariz.
O negro
        resfolegou,
                    apalpou a contusão,
levantou a escova
                e se calou.
Como saberia
            que com tal questão
deveria dirigir-se
                ao Komintern
                            em Moscou?

Iessiênin, no Hotel Inglaterra, em
Leningrado, algumas horas depois de
seu suicídio, em 28 de dezembro de 1925.

SIERGUÉI IESSIÊNIN

Até logo, até logo, companheiro,
Guardo-te no meu peito e te asseguro:
O nosso afastamento passageiro
É sinal de um encontro no futuro.

Adeus, amigo, sem mãos nem palavras.
Não faças um sobrolho pensativo.
Se morrer, nesta vida, não é novo,
Tampouco há novidade em estar vivo.

[AUGUSTO DE CAMPOS]

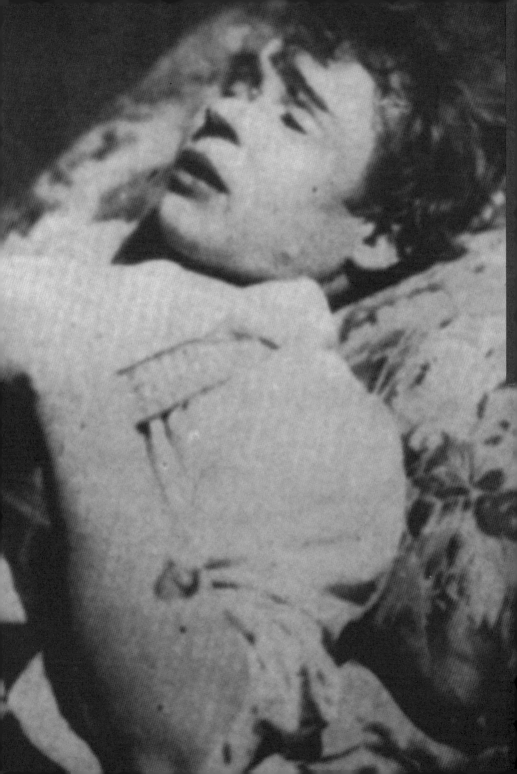

A SIERGUÉI IESSIÊNIN

Você partiu,
        como se diz,
                para o outro mundo.
Vácuo...
      Você sobe,
             entremeado às estrelas.
Nem álcool,
       nem moedas.
Sóbrio.
      Voo sem fundo.
Não, Iessiênin,
        não posso
              fazer troça, –
Na boca
      uma lasca amarga
              não a mofa.
Olho –
      sangue nas mãos frouxas,
você sacode
        o invólucro
            dos ossos
Pare,
    basta!
        Você perdeu o senso?

Deixar
        que a cal
                mortal
                        lhe cubra o rosto?
Você,
      com todo esse talento
para o impossível,
                hábil
                      como poucos.
Por quê?
        Para quê?
                Perplexidade.
– É o vinho!
          – a crítica esbraveja.
Tese:
       refratário à sociedade.
Corolário:
            muito vinho e cerveja.
Sim,
     se você trocasse
                   a boêmia
                            pela classe,
A classe agiria em você,
                    e lhe daria um norte.
E a classe
        por acaso
                mata a sede com xarope?

Ela sabe beber –
             nada tem de abstêmia.
Sim,
     se você tivesse
                 um patrono no "Posto"[38] –
ganharia
        um conteúdo
                    bem diverso:
todo dia
        uma quota
                  de cem versos,
longos
      e lerdos,
               como Dorônin[39].
Remédio?
         Para mim,
                   despautério:
mais cedo ainda
                você estaria nessa corda.
Melhor
       morrer de vodca
que de tédio!
Não revelam
            as razões
                     desse impulso
nem o nó,
          nem a navalha aberta.

[38] Alusão à revista *Na Postu* (De Sentinela), órgão da RAPP (Associação Russa dos Escritores Proletários), cujos colaboradores se mostravam muito zelosos em atacar os escritores que lhes pareciam transgredir a moral proletária.

[39] Referência ao poeta soviético Ivan I. Dorônin (1900-1978).

Talvez,
         se houvesse tinta
                     no "Inglaterra"[40],
você
       não cortaria
                 os pulsos.
Os plagiários felizes
                 pedem: bis!
Já todo
       um pelotão
                 em autoexecução.
Para que
       aumentar
                 o rol de suicidas?
Antes
       aumentar
                 a produção de tinta!
Agora
       para sempre
                 tua boca
                         está cerrada.
Difícil
       e inútil
                 excogitar enigmas.
O povo,
       o inventa-línguas,

[40] Hotel em que Iessiênin se suicidou.

perdeu
            o canoro
                        contramestre de noitadas.
E levam
            versos velhos
                        ao velório,
sucata
        de extintas exéquias.
Rimas gastas
                empalam
                            os despojos, –
é assim
            que se honra
                        um poeta?
Não
        te ergueram ainda um monumento –
onde
        o som do bronze
                            ou o grave granito? –
E já vão
            empilhando
                        no jazigo
dedicatórias e ex-votos:
                        excremento.
Teu nome
                escorrido no muco,
teus versos,

                    Sóbinov[41] os babuja,
voz quérula
                    sob bétulas murchas –
"Nem palavra, amigo,
                            nem so-o-luço".
Ah,
        que eu saberia dar um fim
a esse
            Leonid Loengrim![42]
Saltaria
            – escândalo estridente:
– Chega
            de tremores de voz!
Assobios
            nos ouvidos
                        dessa gente,
ao diabo
            com suas mães e avós!
Para que toda
            essa corja explodisse

41 O famoso cantor L.V. Sóbinov (1872-1934) foi um dos participantes da homenagem à memória de Iessiênin, que teve lugar no Teatro de Arte de Moscou, em 18 de janeiro de 1926, quando interpretou uma canção de Tchaikóvski.

42 O papel de Loengrim, da ópera deste nome, de Wagner, constituiu um dos grandes êxitos da carreira artística de Leonid Sóbinov.

inflando
            os escuros
                        redingotes,
e Kógan[43]
            atropelado
                        fugisse,
espetando
            os transeuntes
                        nos bigodes.
Por enquanto
            há escória
                        de sobra.
O tempo é escasso –
                        mãos à obra,
Primeiro
            é preciso
                        transformar a vida,
para cantá-la –
            em seguida.
Os tempos estão duros
                        para o artista:
Mas,
    dizei-me,
                anêmicos e anões,
os grandes,
            onde,
                        em que ocasião,

escolheram
             uma estrada
                         batida?
General
       da força humana
                      – Verbo –
marche!
        Que o tempo
                    cuspa balas
                                para trás,
e o vento
         no passado
                   só desfaça
um maço de cabelos.
Para o júbilo
             o planeta
                      está imaturo.
É preciso
         arrancar alegria
                         ao futuro.
Nesta vida
          morrer não é difícil.
O difícil
        é a vida e seu ofício.

43 O crítico P.S. Kógan (1872-1932),
    representante da crítica mais
    dogmática, com quem Maiakóvski
    manteve frequentes polêmicas.

CONVERSA SOBRE POESIA
COM O FISCAL DE RENDAS

Cidadão fiscal de rendas!
                         Desculpe a liberdade.
Obrigado...
            Não se incomode...
                        Estou à vontade.
A matéria
         que me traz
                é algo extraordinária:
o lugar do
        poeta
                na sociedade proletária.
Ao lado
        dos donos
               de terras e de vendas
estou também
         citado
               por débitos fiscais.
Você me exige
         500 rublos
               por 6 meses e mais
25 por falta
           de declaração de rendas.
O meu trabalho
         a todo
               outro trabalho
                       é igual.

Veja só
        quantas perdas de vulto,
que despesas
            requerem
                    meus produtos
e quantos gastos
            com material.
Você conhece
            por certo
                  o fenômeno "rima":
suponha
        que uma linha
                finde na palavra "pai"
e que ao fim da
            outra linha,
                menos uma,
                      se imprima
por exemplo
        a palavra
                lampaiapapai".
Em linguagem de fisco
                a rima
                      é uma letra a termo fixo
para desconto
            ao fim da linha
                    sem mais prazos.

E sai-se à caça
             da minúcia
                         de flexão ou sufixo
na caixa escassa
             das conjugações
                             e casos.
Tenta-se pôr
           essa palavra
                       numa linha
mas ela não cabe,
              força-se
                      e ela se esfarinha.
Cidadão fiscal de rendas,
                     eu lhe juro,
as palavras custam
                 ao poeta
                          um duro juro.
Para nós,
       a rima
              é um barril.
Barril de dinamite.
                  O verso, um estopim.
A linha se incendeia
                   e quando chega ao fim
explode
       e a cidade em estrofe
                           voa em mil.

Onde encontrar
             e a que tarifa
uma rima que mire
                  e mate de uma vez? Dela
talvez
      ainda sobrevivam
cinco exemplares
                 nos confins
                            da Venezuela.
E tenho que enfrentar
                     polos e saaras,
e me lanço
          entre dívidas
                       e vales dividido.
Cidadão,
        condescenda,
                    as passagens são caras!
A poesia
        – toda –
                é uma viagem ao desconhecido.
A poesia
        é como a lavra
do rádio,
         um ano para cada grama.
Para extrair
            uma palavra,
milhões de toneladas de palavra-prima.

Porém
        que flama
                de uma tal palavra emana
perto
      das brasas
             da palavra-bruta.
Essas palavras
            põem em luta
milhões de corações
                por milhares de anos.
Por certo
        há poetas de diversas classes.
Quantos vates
          têm dedos ágeis!
Vertem versos
        da boca
              como mágicos,
tanto deles
        como dos clássicos.
E que dizer
        dos líricos castrados?!
Furtam
      linhas alheias
              e se fartam –

tipo
     de peculato
              dos mais alastrados
neste país, entre outros peculatos.
Esses
     versos e odes
              que os simplórios
aplaudem hoje
         com soluços e confetes
passarão
     à história
            como os gastos acessórios
da obra
     que fizemos,
            dois ou três poetas.
Come,
     como se diz,
            quilos de sal,
maços
     e maços
            de cigarros consome
para extrair
     a palavra essencial
das profundezas
            artesianas do homem.

E de repente
               o imposto
                              já não é tão caro.
Tire
     a roda de um zero
                         do total!
Um rublo e noventa
                      custam os cigarros,
Um e sessenta,
                o quilo de sal.
No questionário
                  há um monte de quesitos:
"O Sr. fez viagens?
                   Sim ou não?"
Mas como,
            se eu fiz voos infinitos
em dezenas de pégasos
                        nestes 15 anos?!
E agora
        – ponha-se no meu lugar –
                                   nesta coluna
há algo
        sobre criados
                       e fortuna.
Mas como,
            se eu sou dirigente

e servidor
            também
                        de toda gente?
A classe
            fala
                        pelas nossas palavras.
Nós somos
            proletários
                        e motores da pena.
A máquina
            da alma
                        com os anos se trava,
e dizem:
            – Ao arquivo!
                        Acabou-se.
                                    Um de menos!
Menos amor,
            cada vez menos ações,
e o tempo
            na corrida
                        minhas têmporas esmaga.
E vem
       a mais terrível
                        das amortizações,
a de almas e corações
                    – última paga.

E quando
            este sol
                        cevado como um porco
se erguer
            sobre um porvir
                        sem mutilados nem mendigos
já
   estarei
            podre e morto,
                        de borco,
junto
      de uma dezena
                  de colegas.
Façam
      o meu balanço
                  a posteriori!
Mas eu afirmo
            (e sei
                  que meu verso não mente):
no meio
         dos atuais
                  traficantes e finórios
eu estarei
            – sozinho! –
                        devedor insolvente.

A nossa dívida
             é uivar
                     com o verso,
entre a névoa burguesa,
                        boca brônzea de sirene.
O poeta
       é o eterno
               devedor do universo
e paga
     em dor
           porcentagens
                   de pena.
Eu
   estou em dívida
                    com os lampiões da Broadway,
com o Exército Vermelho,
              com vocês,
                      céus de Bagdádi[44],
as cerejeiras do Japão
               e toda a infinidade
a que eu não pude dar
             a sobra de uma ode.
Mas para que
      afinal
            estas molduras são?

---

[44] Aldeia em que nasceu o poeta.

Para que fazer
                    da rima, mira
                                e do ritmo, chibata?
A palavra do poeta
                    é a tua ressurreição,
a tua imortalidade,
                    cidadão burocrata.
Daqui a séculos,
            do papel mudo
toma um verso
            e o tempo ressuscita.
E volverá
        este dia,
                seus fiscais de tributos,
a miragem dos mitos
                e a catinga de tinta.
Convicto vivente contemporâneo,
compra
        no Comissariado
                        uma passagem para a imortalidade
e, computados
            os efeitos do verso,
                                reparte
o meu salário
            por trezentos anos!

Mas a força do poeta
                            não se reduz só
a que te lembrem
                  no futuro
                            entre soluços.
Não!
      Hoje também
                  a rima do poeta
é carícia
          slogan
                  açoite
                          baioneta.
Cidadão fiscal de rendas,
                        eu encerro.
Pago os 5
          e risco
                  todos os zeros.
Tudo
      o que quero
                  é um palmo de terra
ao lado
        dos mais pobres
                    camponeses e obreiros.
Porém
      se vocês pensam
                    que se trata apenas

de copiar
             palavras a esmo,
eis aqui, camaradas,
                         minha pena,
podem
       escrever
                  vocês mesmos!

"INCOMPREENSÍVEL PARA AS MASSAS"

Entre escritor
        e leitor
                posta-se o intermediário,
e o gosto
      do intermediário
               é bastante intermédio.
Medíocre
      mesnada
            de medianeiros médios
pulula
     na crítica
           e nos hebdomadários.
Aonde
     galopando
            chega teu pensamento,
um deles
      considera tudo
             sonolento:
– Sou homem
      de outra têmpera! Perdão,
lembra-me agora
        um verso
             de Nadson…[45]

---

[45] O poeta sentimental S.I. Nádson (1862-1887). A mudança do acento é do próprio Maiakóvski.

O operário
            não tolera
                      linhas breves.
(E com tal
            mediador
                      ainda se entende Assiéiev!)[46].
Sinais de pontuação?
                      São marcas de nascença!
O senhor
            corta os versos
                      toma muitas licenças.
Továrich[47] Maiakóvski,
                      por que não escreve iambos?
Vinte copeques
            por linha
                      eu lhe garanto, a mais.
E narra
        não sei quantas
                    lendas medievais,
e fala quatro horas
                longas como anos.
O mestre lamentável
                repete
                    um só refrão:

46 O poeta russo N.N. Assiéiev (1889-1963), amigo de Maiakóvski.
47 Camarada.

– Camponês
        e operário
                não o compreenderão.
O peso da consciência
           pulveriza
                o autor.
Mas voltemos agora
          ao conspícuo censor:
Camponeses só viu
        há tempo
antes da guerra,
na **datcha**[48]
        ao comprar
             mocotós de vitela.
Operários?
      Viu menos.
Deu com dois
        uma vez
            por ocasião da cheia,
dois pontos
        numa ponte
             contemplando o terreno,
vendo a água subir
        e a fusão das geleiras.
Em muitos milhões
        para servir de lastro

---

[48] Casa de veraneio.

colheu dois exemplares
                        o nosso criticastro.
Isto não lhe faz mossa –
                   é tudo a mesma massa…
Gente – de carne e osso!
E à hora do chá   expende
              sua sentença:
– A classe
        operária?
                Conheço-a como a palma!
Por trás
      do seu silêncio,
                posso ler-lhe na alma –
Nem dor
      nem decadência.
Que autores
        então
             há de ler essa classe?
Só Gógol,
    só os clássicos.
Camponeses?
        Também.
               O quadro não se altera.
Lembra-me agora –
          a **datcha**, a primavera…
Este palrar

            de literatos
                        muitas vezes passa
entre nós
            por convívio com a massa.
E impinge
            modelos
                        pré-revolucionários
da arte do pincel,
                do cinzel,
                            do vocábulo.
E para a massa
            flutuam
                        dádivas de letrados –
lírios,
    delírios,
            trinos dulcificados.
Aos pávidos
            poetas
                    aqui vai meu aparte:
Chega
    de chuchotar
                    versos para os pobres.
A classe condutora,
                também ela pode
compreender a arte.
Logo:

                que se eleve
                            a cultura do povo!
        Uma só,
                para todos.
        O livro bom
                    é claro
                            e necessário
        a mim,
                a vocês,
                        ao camponês
                                    e ao operário

CARTA A TATIANA IÁCOVLEVA

No beijo das mãos,
                 na boca que me beija,
no corpo dos meus próximos,
                     que freme,
a cor
       das minha repúblicas
                     – vermelha –
deve estar
           sempre
                acesa.
Eu não amo
         o amor de Paris:
cadelinhas de seda
             – que se enfeitem! –
                         em vão.
Espreguiço-me,
           e vou dormir,
                  como quem diz:
"Tout beau!"
         aos cães raivosos
                 da paixão.
Na estatura
          só você me ombreia,
fique pois,
       sobrancelha a sobrancelha,

ao meu lado.
>> Deixe
>> >> que eu faça alarde
como homem
>> >> da grandeza da tarde.
Cinco horas,
>> e a partir de agora
o pinheiral humano
>> >> espesso
>> >> >> amaina:
esmorece
>> a cidade e sua faina.
Ouço apenas
>> a discussão dos apitos
dos trens para Barcelona,
>> >> >> ríspidos.
No céu negro
>> raios riscam passos,
um trovão
>> de impropérios
>> >> no drama dos espaços.
Nuvens de tempestade?
>> >> Não.
>> >> >> A simples sanha
do ciúme,
>> que remove montanhas.

Não creia nessa estulta
                argila bruta dos vocábulos,
que esse tumulto
                não te cause susto,
hei de frear,
            hei de domar o impulso
de um sentimento
                de rebentos fidalgos.
A sarna da paixão
                pode cair em crostas,
mas a alegria,
            esta não se esgota,
quero cantá-la
            como quem conversa
longamente,
            singelamente em versos.
Ciúmes,
        esposas,
                lágrimas…
                        Se danem!
Como o Vii[49]
            com suas vistas congestas.

---

[49] O rei dos gnomos, nas lendas ucranianas. Num conto famoso de Gógol, aparece com as "pálpebras até o chão".

Não é por mim
                que tenho ciúmes,
                                antes
me enciúmo pela Rússia Soviética.
Eu vi
        os remendos sobre as costas
que a tísica
                lambia
                        suspirando.
E então?
            A culpa não é nossa –
cem milhões
                andavam definhando.
Hoje
        para esses
                    nossa afeição mais terna –
nem todos
            se corrigem
                        com esporte,
mas em Moscou
                serão úteis
                            criaturas com teu porte:
falta-nos também
                    gente de longas pernas.
Para isso
            em meio à neve
                        e em meio ao tifo

    você andou
                com essas pernas altivas?
Para entregá-las
                numa ceia furtiva
às carícias
                de empresários petrolíferos?
Pare de cismar,
                olhos sem rumo
pestanejando
                sob os arcos a prumo.
Venha cá
        para o abraço cruzado
dos meus grandes
                braços desajeitados.
Você não quer?
                Hiberne então, à parte.
(No rol dos vilipêndios
                marquemos:
                              mais um X).
De qualquer modo
            um dia
                    vou tomar-te –
sozinha
        ou com a cidade de Paris.

1928 [HAROLDO DE CAMPOS E BORIS SCHNAIDERMAN]

CARTA DE PARIS AO CAMARADA KOSTRÓV SOBRE A ESSÊNCIA DO AMOR

Perdoe-
        me,
            camarada Kostróv,
com sua habitual
            largueza de vista,
se eu desperdiço
            as minhas estrofes
de Paris
        em lírica imprevista.
Imagine:
        uma beleza
            entra na sala
vestindo
        peles e adereços.
A essa
     bela presa
           a minha fala
(não sei se
      bem ou mal)
                eu endereço:
Sou russo,
      camarada,
e sou famoso em meu país.
Já tive muitas namoradas
bonitas
      – todas as que eu quis.
As mulheres
         amam os poetas.

Sou vivo,
          minha voz é de bom timbre.
Tonteio como éter.
Basta
     ouvir-me.
Não me fisgam
           com armas
                    sem valor.
Não caio
        por qualquer charme.
Eu fui
     para sempre
              ferido pelo amor –
mal e mal
       posso arrastar-me.
Não meço
         o amor
              pelo matrimônio.
Deixou de amar –
             passe bem!
Para mim,
       camarada,
            as cerimônias
valem
     menos que um vintém.

Para que ficar pairando?
Deixe de onda,
formosura,
    eu não tenho mais vinte anos,
mas trinta…
   e outros tantos
      fora da conta.
O amor
  não está
    em ferver bruscamente,
nem está
   em acender uma fogueira,
mas no que há
   por trás
     das montanhas do peito
e acima
  da jângal-cabeleira.
Amar
  é ir ao fundo
     do cercado
e até que a noite
    – corvo negro –
       chegue
cortar lenha
    com chispas
      no machado
e a nossa própria força
     pôr em xeque.

Amar
      é desfazer-se dos lençóis
que a insônia desarruma
                    e com ciúme
                                  de Copérnico,
a ele,
    não ao marido
                  da Maria dos Anzóis,
considerar rival eterno.
O amor
      não é
           paraíso nem geena.
Para nós
     o amor
          é o atestado
de que
     outra vez
          se engrena
o coração –
       motor enferrujado.
Você
    rompeu o fio
         com Moscou.
Os anos
     criam
         distância.

Como
   explicar o que passou
assim de relance?
Na terra
    há luzes – até o céu…
No céu azul
     estrelas
       a granel.
Se eu
   não fosse poeta
seria astrônomo
      por certo.
A praça já se apinha.
Os coches rodam.
Eu passo
    anotando linhas
no meu livro de notas.
Correm
   os carros
      rente,
mas não me atropelam.
Entendem,
     de repente:
Está em êxtase
     por ela.
Sonhos,
   visões,
     excursos

enchem-no
            até os ossos.
Aqui
      até os ursos
ganhariam asas.
E agora,
         quando acabo de fervê-las,
num restaurante barato,
as palavras
            soletram
                     das letras
                                 às estrelas
um cometa dourado,
Deixando
         pelo céu
                   um longo rastro,
brilha
      a plumagem do cometa,
para que os namorados
                       vejam os astros
de seus quiosques
                   de violetas.
Para acordar
            e atrair
                     o apreço
                              desses
a que a visão já falha.

Para cortar
                aos inimigos
                                a cabeça
com a longa cauda
                    luminosa
                                navalha.
Ouço
        em meu peito
                        até o último pulsar
como se o estivesse
                        esperando
para um encontro:
                    o amor
                            a ressoar
simples e humano.
O furacão,
            o fogo,
                    o mar
vêm vindo
            furiosamente.
Quem
        os pode
                domar?
Você pode?
Experimente...

A PLENOS PULMÕES

Primeira Introdução ao Poema

Caros
        camaradas
                futuros!
Revolvendo
            a merda fóssil
                      de agora,
perscrutando
            estes dias escuros,
talvez
        perguntareis
                por mim. Ora,
começará
        vosso homem de ciência,
afogando os porquês
                num banho de sabença,
conta-se
      que outrora
                um férvido cantor
a água sem fervura
                combateu com fervor[50].
Professor,
        jogue fora
                as lentes-bicicleta!
A mim cabe falar
            de mim
                  de minha era.

[50] Maiakóvski escreveu versos de propaganda sanitária.

Eu – incinerador,
                eu – sanitarista,
a revolução
                me convoca e me alista.
Troco pelo **front**
                a horticultura airosa
da poesia –
                fêmea caprichosa.
Ela ajardina o jardim
virgem
        vargem
                sombra
                      alfombra.
"E assim o jardim de jasmim,
o jardim de jasmim do alfenim."
Este verte versos feito regador,
aquele os baba,
                boca em babador, –
bonifrates encapelados,
                    descabelados vates –
entendê-los,
        ao diabo!,
                quem há-de…
Quarentena é inútil contra eles –
mandolinam por detrás das paredes:
"Ta-ran-tin, ta-ran-tin,
ta-ran-ten-n-n…"

Triste honra,
            se de tais rosas
minha estátua se erigisse:
na praça
            escarra a tuberculose;
putas e rufiões
                    numa ronda de sífilis.
Também a mim
                a propaganda
                            cansa,
é tão fácil
        alinhavar
                    romanças, –
Mas eu
        me dominava
                    entretanto
e pisava
        a garganta do meu canto.
Escutai,
        camaradas futuros,
o agitador,
            o cáustico caudilho,
o extintor
            dos melífluos enxurros:
por cima
        dos opúsculos líricos,

eu vos falo
                como um vivo aos vivos.
Chego a vós,
            à Comuna distante,
não como lessiênin,
                        guitarriarcaico.
Mas através
            dos séculos em arco
sobre os poetas
                e sobre os governantes.
Meu verso chegará,
                não como a seta
lírico-amável,   que persegue a caça.
Nem como
            ao numismata
                        a moeda gasta,
nem como a luz
            das estrelas decrépitas.
Meu verso
        com labor
                rompe a mole dos anos,
e assoma
        a olho nu,
                palpável,
                        bruto,
como a nossos dias

                        chega o aqueduto
levantado
                por escravos romanos.
No túmulo dos livros,
                    versos como ossos,
se estas estrofes de aço
                    acaso descobrirdes,
vós as respeitareis,
                    como quem vê destroços
de um arsenal antigo,
                    mas terrível.
Ao ouvido
            não diz
                    blandícias
                            minha voz;
lóbulos de donzelas
                    de cachos e bandós
não faço enrubescer
                    com lascivos rondós.
Desdobro minhas páginas
                        – tropas em parada,
e passo em revista
                o **front** das palavras.
Estrofes estacam
                chumbo-severas,
prontas para o triunfo

                              ou para a morte.
Poemas-canhões, rígida coorte,
apontando
              as maiúsculas
                              abertas.
Ei-la,
     a cavalaria do sarcasmo,
minha arma favorita,
                              alerta para a luta.
Rimas em riste,
              sofreando o entusiasmo,
eriça
     suas lanças agudas.
E todo
     este exército aguerrido,
vinte anos de combates,
                              não batido,
eu vos doo,
              proletários do planeta,
cada folha
              até a última letra.
O inimigo
         da colossal
                   classe obreira,
é também

                    meu inimigo
                                figadal.
Anos
        de servidão e de miséria
comandavam
                nossa bandeira vermelha.
Nós abríamos Marx
                    volume após volume,
janelas
        de nossa casa
                    abertas amplamente,
mas ainda sem ler
                saberíamos o rumo!
onde combater,
            de que lado,
                        em que frente.
Dialética,
        não aprendemos com Hegel.
Invadiu-nos os versos
                ao fragor das batalhas,
quando,
        sob o nosso projétil,
debandava o burguês
                    que antes nos debandara.
Que essa viúva desolada,
                – glória –
se arraste

                após os gênios,
                                merencória.
Morre,
        meu verso,
                    como um soldado
anônimo
            na lufada do assalto.
Cuspo
        sobre o bronze pesadíssimo,
cuspo
        sobre o mármore viscoso.
Partilhemos a glória, –
                        entre nós todos, –
o comum monumento:
                            o socialismo,
forjado
        na refrega
                    e no fogo.
Vindouros,
            varejai vossos léxicos:
do Letes
            brotam letras como lixo –
"tuberculose",
                "bloqueio",
                            "meretrício".
Por vós,

        geração de saudáveis, –
um poeta,
        com a língua dos cartazes,
lambeu
        os escarros da tísis.
A cauda dos anos
        faz-me agora
um monstro,
        fossilcoleante.
Camarada vida,
        vamos,
            para diante,
galopemos
        pelo quinquênio afora[51].
Os versos
        para mim
            não deram rublos,
nem mobílias
        de madeiras caras.
Uma camisa
        lavada e clara,
e basta, –
        para mim é tudo.
Ao Comitê Central

[51] Alusão aos Planos Quinquenais soviéticos.

                        do futuro
                                    ofuscante,
        sobre a malta
                        dos vates
                                    velhacos e falsários,
        apresento
                        em lugar
                                    do registro partidário
        todos
                    os cem tornos
                                    dos meus livros militantes.

FRAGMENTOS

1
Me quer? Não me quer? As mãos torcidas
os dedos
            despedaçados um a um extraio
assim se tira a sorte enquanto
                        no ar de maio
caem as pétalas das margaridas
Que a tesoura e a navalha revelem as cãs e
que a prata dos anos tinja sem perdão
                          penso
e espero que eu jamais alcance
a impudente idade do bom senso

2
Passa da uma
                você deve estar na cama
Você talvez
            sinta o mesmo no seu quarto
Não tenho pressa
                Para que acordar-te
com o
        relâmpago
                de mais um telegrama

3
O mar se vai
o mar de sono se esvai
Como se diz: o caso está enterrado
a canoa do amor se quebrou no quotidiano
Estamos quites
Inútil o apanhado
da mútua dor mútua quota de dano

4
Passa da uma você deve estar na cama
À noite a Via Láctea é um Oká[52] de prata
Não tenho pressa para que acordar-te
com o relâmpago de mais um telegrama
como se diz o caso está enterrado
a canoa do amor se quebrou no quotidiano
Estamos quites inútil o apanhado
da mútua dor mútua quota de dano
Vê como tudo agora emudeceu
Que tributo de estrelas a noite impôs ao céu
em horas como esta eu me ergo e converso
com os séculos a história o universo

---

52 Rio da Sibéria.

5
Sei o pulso das palavras a sirene das palavras
Não as que se aplaudem do alto dos teatros
Mas as que arrancam os caixões da treva
e os põem a caminhar quadrúpedes de cedro
Às vezes as relegam inauditas inéditas
Mas a palavra galopa com a cilha tensa
ressoa os séculos e os trens rastejam
para lamber as mãos calosas da poesia
Sei o pulso das palavras parecem fumaça
Pétalas caldas sob o calcanhar da dança
Mas o homem com lábios alma carcaça

Capa de Ródtchenko para o livro
Maiakóvski Sorri, Maiakóvski Ri,
Maiakóvski Zomba, Moscou/Petrogrado,
1923

МАЯКОВСКИЙ УЛЫБАЕТСЯ
МАЯКОВСКИЙ СМЕЕТСЯ
МАЯКОВСКИЙ ИЗДЕВАЕТСЯ

APÊNDICE

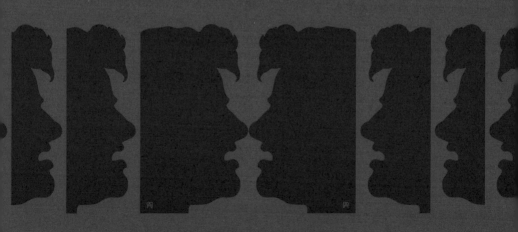

MAIAKÓVSKI E O CONSTRUTIVISMO

HAROLDO DE CAMPOS

As reproduções que ilustram este artigo documentam uma conjugação de interesses que só surpreenderá aqueles que desconhecem a evolução da arte russa nas décadas de 1910 e 1920, ou seja, no período imediatamente anterior e no imediatamente posterior à Revolução de Outubro. Trata-se da correlação entre a arte poética inovadora de Maiakóvski e um caminho que lhe foi coevo, igualmente renovador no campo das artes plásticas, o do construtivismo de Ródtchenko, Tátlin, El Lissítzki e outros. Foram elas extraídas da antologia "Maiakóvski / Dliá gólossa" ("Para ler em voz alta"), publicada em 1923, cujo projeto gráfico se deve a Lissítzki[1]. Impressa em duas cores (preto e vermelho), nela a imaginação visual do artista construtivista (que também esteve ligado ao movimento "de Stijl" de Mondrian e Van Doesburg) procura replicar aos valores fônicos da poesia de Maiakóvski – cuja técnica elocutória supõe, por assim dizer, uma verdadeira partitura de leitura – com soluções e invenções correspondentes no plano tipográfico. É só observar, no exemplo, como Lissítzki resolve o problema da titulagem dos poemas, criando como que logotipos (nem sempre coincidentes com os títulos originais), cuja função é antes pôr em evidência, numa síntese expressiva, o nível semântico da peça. Assim, no poema "Khorócheie Otnochénie k Lochadiám" ("Boa Disposição para com

[1] Este artigo foi publicado no Suplemento Literário de *O Estado de S. Paulo*, em 29 set. 1962, em página especial dedicada a Maiakóvski, que continha, ainda, a tradução do poema "Carta a Tatiana Iácovleva", e o artigo de B. Schnaiderman, "Notas Sobre a *Carta…*". O pintor e gráfico suíço Karl Gerstner havia, na ocasião, feito chegar a minhas mãos cópias dos "tipogramas" de Lissítzki, sobre os quais chamara a atenção em seu estudo "Integrale Typographie", *Typographische Monatsblatter/Revue Suisse de l'Imprimerie*, n. 6/7, Sondemummer (número especial), 1959. Sobre as artes plásticas russas de vanguarda, consultei, à época, um valioso texto informativo, o artigo de Michel Seuphor, "Au Temps de l'avant-garde", publicado na revista *L'Oeil*, n. 11, 1959 (número especial – L'Art en Russie).

os Cavalos"), em que o poeta descreve seus sentimentos para com um cavalo que tomba em plena rua, é logo projetado em corpo destacado, na metade superior da página (dupla), o jogo paronomástico GRIB GRAB GROB GRUB, isolando-se as vogais que se permutam dentro do esquema fixo das consoantes. Estas palavras, além de reproduzirem onomatopaicamente o rascar das patas do cavalo que cai, convocam um âmbito semântico, fragmentário: GRIB, cogumelo, tortulho; GRAB, imperativo, 2ª pessoa singular, de "grábit", pilhar, GROB, caixão ataúde; GRUB, grosseiro. Noutro poema, "Meu Primeiro de Maio", é explorada a similitude gráfica entre as palavras MOI (meu) e MAI (maio) numa composição circular à qual o nº 1 serve de diâmetro virtual. Em "Trietii Intiernatzional" ("Terceira Internacional"), a letra T de ambas as palavras, alongada, tomando quase dois terços da página, é que serve de suporte ao título e de umbral ao texto. Já em composições mais livres, como "Prikaz po Armii Iskusstv" ("Ordem ao Exército das Artes") e "Nieobitcháinieicheie Plikliutchênie Bívcheie so mnói, Vladímirom Maiakóvskim…" ("A Mui Extraordinária Aventura Acontecida Comigo, Vladímir Maiakóvski…"), se pode distinguir toda a finura do agenciamento estrutural e do despojamento geométrico da paginação construtivista, capaz inclusive de um surpreendente humor gráfico. Se é verdade que ela recebeu o influxo das experiências do futurismo italiano, também é certo que soube despi-lo de seu romantismo caótico e superá-lo em rigor e consequência. Outro achado tipográfico de Lissítzki é o índice-marginália, à direita das páginas, introduzindo cada poema e anunciando os que lhe sucedem, através de uma ou duas palavras-tema e de um emblema visual (um traço, traço e ponto, um círculo, um sinal de mais, reticências etc.). No caso de "A Mui Extraordinária Aventura", por exemplo, a palavra-chave é "solntze" ("sol"), pois se trata de um diálogo do poeta com o Sol, e o símbolo adotado um pequeno quadrado vermelho[2].

Quanto às relações de Maiakóvski com o construtivismo plástico, seria preciso que se transcrevesse aqui todo o capítulo "L'epoca del costruttivismo", do precioso volume de Angelo Maria Ripellino "Majakovskij e il Teatro Russo D'Avanguardia", Einaudi, 1959, para se dar uma ideia do quadro em que elas se estabeleceram[3].

Realmente, os construtivistas, como enuncia Ripellino, "sonhavam inserir a arte na produção, torná-la utilitária como a ciência e o trabalho". Ao contrário das concepções místico-espiritualistas de que estava impregnado o abstracionismo de Kandínski e da metafísica subentendida pelo suprematismo de Maliévitch (para quem a arte deveria "libertar-se de toda tendência materialista ou social") – pintores que, não obstante, tiveram liberdade de criação e mesmo papel de certo relevo na organização cultural do período imediatamente pós-revolucionário (ambos foram membros do Bureau Internacional das Artes e colaboraram com o comissário da cultura Lunatchárski no projeto de um Primeiro Congresso Internacional das Artes Novas, que, aliás, nunca chegou a se realizar) –, os construtivistas, reunidos em torno de Tátlin, procuraram engajar sua revolução formal, dando-lhe um sentido positivo e colocando-a a serviço da revolução social. Sua posição, portanto, era em muitos aspectos simétrica à dos poetas e críticos "estruturalistas" agrupados na revista *Lef*, de Maiakóvski e Óssip Brik. Maiakóvski, com seu amor pela máquina e pela civilização industrial, encontrava nas motivações construtivistas uma

[2] Voltei a tratar da contribuição pioneira de El Lissítzki à renovação da tipografia, no artigo "Lissítzki e Marshall McLuhan", publicado no "Quarto Caderno" do *Correio da Manhã*, Rio de Janeiro, 26 mar. 1967. Serviu-me de tema o estudo de Lissítzki sobre "O Futuro do Livro", de 1926-1927, reproduzido no n. 41, jan.-fev. 1967, da revista britânica *New Left Review*.

[3] Em português, sob o título *Maiakóvski e o Teatro de Vanguarda*, São Paulo: Perspectiva, 1971.

atmosfera natural de atuação. Numa crônica de Paris, por volta de 1922, o poeta afirmava que o construtivismo, para ele, deveria compreender "o trabalho formal do artista como uma engenharia necessária para a configuração de toda a nossa vida prática"[4]. De fato, o movimento deixou vincos significativos no panorama cultural soviético dos anos 1920, anterior ao empedernimento jdanovista: basta considerar os projetos arquitetônicos de Tátlin e Lissítzki, o cineolho de Viertov, a própria filmografia de Eisenstein e, sobretudo, as invenções cenográficas e o sistema de interpretação teatral ideado por Meyerhold, a "biomecânica".

O curioso é que, sobre as águas do degelo pós-stalinista – quando se vê um Ehrenburg (que, a seu tempo, chegou a se arrolar entre os defensores do movimento, editando em Berlim, com Lissítzki, a revista "O Objeto") reivindicar a franquia dos museus soviéticos às obras dessa quadra histórica; quando se lê, em Iúri Oliecha, que Maiakóvski, se vivo, julgaria com severidade a estátua que lhe erigiram em Moscou, e preferiria sem dúvida, "enamorado do industrial" como era, a estação do metropolitano que leva seu nome, toda feita de arcos de aço; quando se consideram ainda, lado a lado, o último livro de poemas ("Lad", "Concórdia", 1961) do septuagenário Nicolai Assiéiev, companheiro de Maiakóvski e seguidor de sua poética, e a recente coletânea (edição do Komsomol, Moscou, 1962) do jovem poeta Ievguiéni Ievtuchenko, que por seu turno reassume a inconformada linguagem maiakovskiana, livros ambos cuja apresentação tipográfica, enxuta e funcional, contrasta tanto com o mau gosto acadêmico da maioria das edições soviéticas – se tem a impressão de que

[4] Stálin, com perversa habilidade, soube aproveitar-se dos fermentos do tempo, definindo o escritor da nova era soviética como um "engenheiro das almas humanas", noção logo utilizada por Andriéi Zhdanov, no "Primeiro Congresso dos Escritores Soviéticos", em 1934, para definir o programa de "otimismo" e "tendenciosidade", que deveria orientar a concepção do "herói positivo" na utopia dogmática, neoépica, do chamado "realismo socialista". Ver, a propósito, a introdução de Vittorio Strada a G. Lukács, M. Bakhtin e outros, *Problemi di Teoria del Romanzo*, Milão: Einaudi, 1976.

alguma coisa de fundamental dessa tradição ficou no ar, à espera, necessariamente, de uma revivescência.

▶ *"Khorócheie Otnochénie k Lochádiam" ("Boa Disposição para com os Cavalos").*

— И —

. А . . . Б . . . Ь

≈ О ≈ ≈

. У . .

Били копыта
пели будто:
— ГРИБ
ГРАБЬ
ГРОБ
ГРУБ

К ЛОШАДЯМ

СОЛНЦЕ

#

"Trietii Intiernatzional" ("Terceira Internacional").

"Prikaz po Armii Iskusstv" ("Ordem ao Exército das Artes").

"Moi Mai" ("Meu Primeiro de Maio").

"Nieobitchâinieicheie Plikliutchênie Bívcheie so mnói, Vladími-rom Maiakóvskim" ("A Mui Extraordinária Aventura Acontecida Comigo, Vladímir Maiakóvski").

▲
Óssip Brik, Lília e Maiakóvski, 1929.

CONVERSA COM LÍLIA BRIK

BORIS SCHNAIDERMAN

Foi nos arredores de Moscou, em julho de 1972. A cidade abrasada, os moscovitas ofegantes, os próprios estudantes africanos da Lumumba suavam em bica, e nós outros, os poucos brasileiros, não conseguíamos suportar aquele abrasar seco, tão diferente do nosso e que parecia ressecar o corpo todo, a partir da garganta. Mas ali em Pierediélkino, a aldeia dos escritores, afogada em bétulas, havia sombra e aragem estranhas em meio daquele mundo crestado.

Fora um dia repleto, daria para escrever um livro. Mas agora tudo ficara para trás e eis-me dando a mão a Lília Brik, o grande amor de Maiakóvski. Uma velha miudinha e ágil, de traços bonitos ainda, grandes olhos saltitantes, muito arrumada, de pele bem lisa, incrível! Ao lado, V.A. Katanian, seu marido, biógrafo de Maiakóvski, sorridente, simpático, um pouco mais moço.

Eles vão comigo até uma mesa em que há várias fotografias grandes. Uma está colorida a lápis. Lília inclina-se sobre a mesa para um último retoque. Mostram-me aquela fotografia colorida: é de um autorretrato cubista de Maiakóvski, a óleo, de 1913, e que eu não vira reproduzido em lugar nenhum. Os traços geométricos do rosto perdidos entre um desdobramento contínuo dos edifícios de uma cidade. Estranhíssimo, aquele retrato! E ao mesmo tempo bem Maiakóvski, bem década de 1910.

Percebendo minha surpresa e encantamento, Katanian diz a Lília:

— Dá prá ele este retrato.

— Não posso, não sei se poderia copiar de novo as cores, vou dar-lhe este que não está colorido.

– Vá, seja boazinha! Ele veio de tão longe, do Brasil, trouxe a você este livro que escreveu sobre Maiakóvski.

Mas a velhinha teimava e eu me intrometi na discussão:

– Ora, não há motivo para briga. Fico muito contente com este aqui, em branco e preto.

Lília me dá o retrato que pedi e vários outros. Inclusive um em que ela aparece com Maiakóvski e Óssip Brik. O gigante com ar de menino, o braço passado sobre os ombros dela, e Óssip ao lado, sério, meio murcho.

Katanian pede licença e sobe a escada para o mezanino, onde fica mexendo em aparelhos de som com o técnico que acabava de chegar.

– Vem cá – diz Lília, indica-me uma cadeira e estira-se no divãzinho ao lado.

– Tenho oitenta anos – diz de repente e desanda a falar, num fluxo contínuo. Mal consigo fazer umas perguntas e orientar a conversa para o que mais me interessa ouvir.

Mostra-me a introdução curta que escreveu para as cartas de Maiakóvski até então inéditas, publicadas no volume da série Herança Literária (editada em 1958 pela Academia de Ciências) dedicado ao poeta. Ali em poucas palavras, sem falsos pudores nem exibicionismo, fala da relação entre os três.

– Em nosso país, há muita hipocrisia, não querem que se contem as coisas, é ridículo!

Aquela publicação, diz ela, valeu aos responsáveis pelo livro uma censura pública e um segundo volume de materiais sobre Maiakóvski, já preparado, não pudera ser impresso.

– Estes moralismos estúpidos, esta tentativa de esconder a verdade das relações humanas, fazem com que se espalhem versões absurdas. Dizem por aí que vivíamos em *ménage à trois,* põem a culpa toda em mim, como se houvesse culpa em casos como este! Eu casei com Óssip

Brik por amor, depois de conhecê-lo aos treze anos e ficar fascinada pela sua personalidade de sábio irreverente. Depois, ambos conhecemos Maiakóvski, que nos causou uma impressão profunda. E, como ele estivesse procurando alugar um quarto, acabou vindo morar conosco. Depois que eu gostei dele como mulher e ele também teve por mim um sentimento de homem, resolvemos contar tudo ao Óssip. Passei então a ser mulher de Maiakóvski, mas isto não era motivo para deixarmos de morar na mesma casa. Tanto Óssip como Maiakóvski eram criaturas superiores, que viam com a maior naturalidade estes problemas de amor e sexo. Ambos eram grandes admiradores do romance *Que Fazer?* de Tchernichévski. Hoje em dia, pouca gente lê este romance (de 1863 – B.S.), dizem que é chato, mas não é verdade, chatos são os que dizem isto. E é uma pena. Você leu? Ali há uma descrição utópica da sociedade futura e de relações muito mais simples e naturais entre homem e mulher. Pois bem, Óssip e Maiakóvski viviam como se aquela utopia já fosse realidade. Agora, no Ocidente, fala-se muito em "casamento aberto", "sexo livre" etc., mas duvido que as pessoas tenham atingido, nesse terreno, a mesma atitude desprendida.

— Você me apresenta – aventurei eu – um quadro idílico da relação entre vocês três. Mas não é o que se depreende de certos poemas de Maiakóvski. Por mais que ele diga ser o ciúme um "sentimento de rebentos fidalgos", a coisa explode aqui e ali com violência.

— Tem razão. Maiakóvski tinha desses momentos, que ele procurava sobrepujar. Mas Óssip, não. Aceitava tudo com naturalidade, ninguém ouvia dele uma recriminação, uma queixa. Nossa vida a três decorria tranquila. Houve um dia em que Maiakóvski me perguntou: "E que tal se nos casássemos?" Fiquei perplexa, mas logo lhe disse que não valia a pena. Realmente, não me cabia entrar na História como a mulher de Beethoven. (E todos nós já sabíamos que ele era alguém como Beethoven.) Bastava ser mulher de Óssip Brik. Além do mais, Óssip ficaria desgostoso e eu tinha muita pena de magoá-lo. Depois, Maiakóvski viajou bastante, teve os seus casos, eu tive os meus. Mas, quando nos reuníamos os três em Moscou, cada um falava de sua vida com toda a franqueza e não surgia problema nenhum.

Aproveitei uma pausa no fluxo do discurso de Lília para lhe contar que, tendo escrito um livro volumoso sobre a poética de Maiakóvski, estava empenhado num trabalho extenso sobre Dostoiévski e o discurso poético e perguntei o que ela pensava sobre a relação entre os dois temas, que me pareciam muito próximos. Para minha surpresa, ela me deu a indicação de um artigo que havia publicado defendendo a mesma tese. Contou-me que Maiakóvski era leitor apaixonado de Dostoiévski e lembrou que seria muito interessante pesquisar a marca do romancista em sua obra de poeta.

– Eu não faço teoria literária. Quando escrevo, é para testemunhar o que vivi e as pessoas que entraram em minha vida. Mas vocês precisam esmiuçar isto.

Achei que estava ficando tarde e que a octogenária miudinha precisava, apesar da animação, descansar um pouco. Não ia fazer-lhe mal toda aquela excitação? Mas, por mais que eu espiasse o relógio, mexendo-me na cadeira, o discurso de Lília saía num jorro contínuo. Falava mais de Maiakóvski, da vida na Rússia, do Ocidente. Mas de súbito se interrompeu, quase no meio de uma palavra, e me disse:

– Bem, agora eu vou dormir.

Saí sem me despedir de Katanian, sempre ocupado com a sua aparelhagem de som. Anoitecia entre as bétulas e, pouco depois, eu voltava de trem à capital abrasada.

(Lília – ou Lili – Brik, a grande figura feminina da vida de Maiakóvski, suicidou-se no ano passado aos 86 anos. No Ocidente, poucos tomaram conhecimento disso. Agora, porém, seu nome voltou à baila, graças ao livro publicado pelos norte-americanos Ann e Samuel Charters com o título de I LOVE, *The Story of Vladimir Mayakovsky and Lili Brik* (edição de Farrar Straus Giroux), na base de entrevistas com Lili e outras pessoas, além de documentos inéditos por ela fornecidos, durante a permanência dos autores em Moscou. E esta volta de seu nome à circulação está cercada de escândalo, de fofocas de toda espécie. Parece que não há no momento condições de examinar em toda a plenitude a personalidade de Lília, na base dos materiais insuficientes que se consegue obter. Em todo caso, aí fica o registro de um encontro com ela)[1].

---

[1] Esta entrevista foi publicada em 25 ago. 1979 pelo *Jornal da Tarde*, de São Paulo, com o título "Lília Brik, uma Alma Encantada na Vida de Maiakóvski", dado pela redação. Depois disso, Augusto de Campos publicou no mesmo jornal o artigo "Maiakóvski, 50 Anos Depois", incluído neste livro, onde se refere ao trabalho biográfico dos Charters. Minha opinião sobre este ficou mais especificada em "Maiakóvski, Poesia e Amor", *Jornal da Tarde*, 13 mar. 1982, uma resenha do livro em questão (mais uma vez, o título foi dado pelo jornal).

MAIAKÓVSKI, 50 ANOS DEPOIS[1]

AUGUSTO DE CAMPOS

Passou despercebido, entre nós, o cinquentenário da morte de um grande poeta, um dos maiores do nosso tempo, o russo Vladímir Maiakóvski. Em 14 de abril de 1930, Maiakóvski, que tinha então 36 anos, suicidou-se com um tiro no peito. No momento, não há nenhum livro de poemas dele, em tradução brasileira, circulando por aqui. Miséria do nosso contexto cultural. Na União Soviética, as obras reunidas do poeta, editadas em 13 tomos, de 1955 a 1961, chegaram a ter 200 000 cópias de tiragem. No Brasil, porém, uma antologia de sua poesia, publicada pela Editora Tempo Brasileiro, em 1967, com 3 000 exemplares, levou 13 anos para se esgotar! Maiakóvski merece isso? A poesia merece isso? E dizem que os poetas é que são culpados do afastamento do público. É. Os poetas são sempre culpados.

 A oficialização literária de Maiakóvski, após a conhecida intervenção de Stálin, provocada por uma carta a ele dirigida por Lília Brik, em 1935, se, por um lado, contribuiu decisivamente para a divulgação da obra do poeta, por outro lado deformou-lhe a imagem e o transfigurou, veiculado em péssimas traduções, num retórico propagandista do regime burocrático e autoritário que se instalou na URSS. O verdadeiro Maiakóvski, o poeta, o rebelde, o antiburocrata por excelência, não se reconheceria nas numerosas estátuas homônimas erigidas em sua homenagem. Ele, que escrevera: "A mim,/a meu posto,/uma estátua é devida./Dinamite:/– eu a explodo em detritos!", e também: "Cuspo/sobre o bronze pesadíssimo,/cuspo/sobre o mármore viscoso" (traduções de Haroldo de Campos). Ou talvez se encarnasse

◀

Lília Brik em sua casa, 1966.

[1] Publicado, originalmente, no *Jornal da Tarde*, em 28 jun. 1980.

num monumento, rígido, à espera do degelo, como Prissípkin, o personagem de sua peça O *Percevejo,* o qual, congelado pelos jatos de água dos bombeiros num incêndio em 1929, desiberna 50 anos depois, no dia 12 de maio de 1979, para encontrar-se, sozinho, numa sociedade asséptica e puritana. Prissípkin, tendo por únicos companheiros um percevejo (congelado e degelado com ele), o violão, o cigarro e a vodca, acaba sendo exibido, num jardim zoológico, para uma multidão de curiosos de todas as partes do mundo, entre os quais – expressamente mencionados no texto – alguns brasileiros. Vivo, Maiakóvski não estaria menos despaisado no monolito de conservadorismo em que se converteu a Revolução que outrora, apaixonadamente, defendera. Talvez, nós, brasileiros, que ele convocou para ver Prissípkin, o *philisteus vulgaris,* e o percevejo sobrevivente, *cimex normalis,* devêssemos procurar conhecer melhor esse poeta invulgar, 50 anos depois.

Só recentemente o estudo de sua poesia, a partir dos textos originais, e incorporando os seus poemas experimentais cubofuturistas, sempre excluídos das primeiras divulgações, veio propiciar o reconhecimento do sério trabalho de Maiakóvski com a linguagem, das inovações de sua poética, do seu laborioso processo compositivo, enfim, da face oculta do poeta, capaz de conferir qualidade artística à sua obra e de redimi-la até dos seus erros e excessos. Nem Maiakóvski, nos momentos de maior lucidez, pretendeu outra coisa: "Sou poeta. É por isso que sou interessante", diz ele nas primeiras linhas de sua autobiografia (e não, como está numa tradução portuguesa, há pouco lançada: "Sou poeta. Este é o fulcro dos meus interesses."). Entre nós, Boris Schnaiderman e Haroldo de Campos, especialmente, se encarregaram de recuperar a face do poeta, que o sectarismo político ousou reduzir a uma caricatura oratória. Leiam-se, a propósito, "O Texto como Produção (Maiakóvski)", de Haroldo de Campos, divulgado pela primeira vez em 1961, e ora incluído no livro *A Operação do Texto* (1976), e *A Poética de Maiakóvski* (1971), de Boris Schnaiderman, além de *Maiakóvski e o Teatro de Vanguarda* (1971), de A.M. Ripellino, todos publicados pela Editora Perspectiva (Coleção "Debates").

Um livro, que saiu no ano passado – I LOVE, *The Story of Vladimir Mayakovsky and Lili Brik,* de autoria de Ann e Samuel Charters (New York, Farrar Straus Giroux) –, veio trazer luz sobre um outro aspecto mais ou menos obscuro da vida do poeta: o seu complexo relacionamento amoroso com Lília Brik, mulher de Óssip Brik, o crítico literário, amigo e companheiro de lutas artísticas de Maiakóvski. Com eles viveu, durante 15 anos, um *ménage à trois*[2] que até hoje aflige e incomoda o catecismo das autoridades soviéticas.

Não se trata de sensacionalismo. O livro dos Charters é sério e sensível. Ann Charters é uma estudiosa da *beat generation,* com ensaios publicados sobre Jack Kerouac e Charles Olson. Samuel, poeta e tradutor, é um especialista em *jazz,* com vários volumes sobre o *blues* e uma monografia a respeito do grande e esquecido *blues singer* Robert Johnson, assassinado em 1937 em San Antonio. A biografia que assinam em conjunto é o resultado de mais de seis anos de pesquisa, que incluem viagens à União Soviética e entrevistas com Lília Brik, Verônika (Nora) Polônskaia e Tatiana Iácovlieva, as três principais personagens femininas, e outras figuras do círculo de Maiakóvski, além de contarem com a colaboração e a revisão de Rita Rait, amiga do poeta e dos Brik e conhecida tradutora.

Que importância terá a problemática reconstituição da tumultuada vida amorosa do poeta? Talvez pouca, talvez nenhuma para a avaliação de sua poesia. Mas, de qualquer forma, os biografemas levantados pela pesquisa dos Charters certamente auxiliam a

---

[2] Na entrevista que concedeu a Carlo Benedetti (*Lill Brik con Majakovskij – Intervista di Carlo Benedetti,* Roma: Reuniti, 1978), Lília rejeita a caracterização *de ménage à trois:* "Para evitar mal-entendidos – diz ela –, para que se possam compreender melhor as coisas que direi em seguida, devo precisar que já há um ano não era mais mulher de Brik, quando comecei a viver com Maiakóvski. Não houve, pois, nenhum *ménage à trois*".

interpretação de muitos textos do poeta e nos ajudam a compreender melhor o fascinante período dos anos heroicos da Rússia revolucionária pré-Stálin, assim como os desencontros do artista e da sociedade, desde que este, solidário social, não queira abdicar da sua própria rebeldia, enquanto artista e enquanto indivíduo.

Além das entrevistas, realizadas de 1972 a 1974 – no mesmo período em julho de 1972, em que foi entrevistada por Boris Schnaiderman[3] –, Lília forneceu aos Charters fotografias, manuscritos de suas memórias e das de sua irmã, Elsa Triolet, e outros materiais inéditos, e ainda propiciou-lhes um encontro com Nora Polônskaia, a atriz que estivera com Maiakóvski pouco antes do suicídio. A própria Lília viria a suicidar-se, aos 86 anos, em 4 de agosto de 1978, ingerindo uma dose excessiva de comprimidos para dormir. Uma nota encontrada por V.A. Katanian, seu último marido, datada de 1968, revelou que ela já pensara em suicídio, após ter recebido dois artigos insultuosos de um jornal literário soviético, denegrindo a sua participação na vida de Maiakóvski.

Na introdução de seu livro, os Charters acentuam o esforço das autoridades soviéticas para desvincularem dos Brik a biografia do poeta. Por muitos anos sediado na Travessa Guêndrikov, no último apartamento em que os três viveram juntos, em Moscou, o Museu Maiakóvski acabou sendo transferido, em 1972, para outro local. Agora está mais distante da presença de Lília. Quando referida aos visitantes, pelos guias, ela já é tratada como uma "vizinha" ou uma das "muitas mulheres" a que o poeta se ligou. O fato de Lília, amante de Maiakóvski, ser casada e de terem vivido, ela, marido e poeta, sob o mesmo teto, parece inconciliável com a moralidade oficial soviética. ("As pessoas agora não entendem nada de minha vida com Maiakóvski e Brik. Eles pensam que foi um terrível pecado", declarou Lília aos Charters.) Além disso, os Brik eram

3 Ver *Conversa com Lília Brik*, neste volume.

judeus, e não agradaria aos preconceitos antissemitas das autoridades reconhecer a sua influência sobre o poeta oficializado. Influência que julgam "corruptora" e responsável pelo fato de Maiakóvski jamais ter aceito a nova sociedade com a passividade exigida, pelo Governo, de seus escritores e artistas.

O livro dos Charters, tão desmistificador como aquela outra biografia, *The Charmed Circle,* de James R. Mellow, sobre Gertrude Stein e Alice B. Toldas, procura recuperar, sem falsos pudores, a atmosfera da conturbada vida afetiva de Maiakóvski. Desse retrato sensível, mas sem retoques, o poeta sai, não idolizado, mas engrandecido; um gênio, mas humano. Lília e Óssip também. Pessoas comuns, comparadas a Maiakóvski, mas até certo ponto mais sólidas e estranhamente mais avançadas do que ele em matéria de ideologia amorosa. Lília jamais aceitou o amor possessivo de Maiakóvski. Amava-o. Mas, fiel aos preceitos do livro *Que Fazer?* de Tchernichévski (marido e mulher deveriam ser pessoas individualmente livres, nenhuma possuindo a outra), não aceitava ter de privar-se do convívio de Óssip, vinculando-se os três por profunda amizade e companheirismo. Irredutível em sua liberdade, Lília teve outros amantes. Seus fugazes ataques de ciúmes, especialmente de Tatiana Iácovleva, a russa branca com que Maiakóvski quase se casou em 1929, não lhe abalaram as convicções.

Maiakóvski tentou silenciar "o urso do ciúme" (como o chamou no poema *Jubileu,* de 1924), mas nunca o conseguiu. Aparentemente se acomodou à vida-a-três, ainda mais depois que ele e Lília deixaram de ser amantes, em fins de 1925. Mas buscou novos relacionamentos, insistindo em casar-se, primeiro com Tatiana, depois com Nora Polônskaia. Com a primeira chegou a marcar casamento em outubro de 1929, em Paris. A bela Tatiana tinha 22 anos, ele 35, quando se conheceram, no ano anterior, naquela cidade. Impedido de sair da

URSS (provavelmente por não aprovarem a sua ligação com uma russa branca), Maiakóvski não pôde cumprir o compromisso. Tatiana casa-se, em dezembro, com um diplomata francês, o Visconde Du Plessix. O poeta se volta, então, para outra jovem de vinte e poucos anos, a atriz Nora Polônskaia, casada, e que nem ao menos aceita tornar público o seu caso com Maiakóvski, quanto mais casar-se com ele. Na noite precedente e na manhã do suicídio Nora estava com o poeta. Discutiram. Maiakóvski já havia escrito a carta em que pede a Lília que o ame e inclui Nora entre os seus parentes. Nora saiu do quarto do poeta, na Travessa Lubiánski, e estava no corredor, dirigindo-se para a porta do prédio, quando ouviu o tiro, dado com a mão esquerda dirigida ao coração, onde se alojou a única bala que havia no revólver. Lília e Óssip achavam-se em Londres, desde 18 de fevereiro.

Dois meses e meio antes do suicídio, em 1º de fevereiro de 1930, abrira-se em Moscou a Exposição "20 Anos de Trabalho" (sobre a obra de Maiakóvski), boicotada pelos grupos de escritores oficiais. Só estudantes e amigos compareceram. Alguns dias depois, o poeta entraria para a RAPP (Associação Pan-russa de Escritores Proletários), que, a despeito disso, continuou a se omitir na reapresentação da mostra, em princípios de março, em Leningrado. Uma exposição que, segundo Maiakóvski, não era "um jubileu mas um relato de suas atividades", compreendendo livros (quase 100 edições!), revistas, rascunhos (sob o título de "Laboratório"), cartazes de propaganda, as "janelas" (cartazes de guerra com legendas e desenhos do poeta) para a agência telegráfica Rosta, e documentação de atividades, conferências, cinema e teatro.

Causas possíveis do suicídio? Os Charters resumem: o tratamento dado a Maiakóvski pelos "escritores proletários"; a desilusão política; o fracasso do seu caso com Tatiana; a recusa de Nora em casar-se com ele; a ausência de Lília; problemas físicos com a sua voz. Mas a ideia do suicídio sempre o perseguira. O tema reponta, mais de uma vez, em sua obra poética. Em "A Flauta-Vértebra" (1915): "Seria melhor talvez/ pôr-me o ponto final de um balaço." (trad. de H. de Campos). Em "Lílitchka! – Em Lugar de uma Carta" (1916): "e não me lançarei no abismo,/e não beberei veneno/e não poderei apertar na têmpora o gatilho". Em "O Homem" (1917), na seção "Maiakóvski para os Séculos", imagina-se retomando, após o suicídio, milhares de anos depois, ao apartamento de Lília, na Rua Jukóvski (então Rua Maiakóvski), para inteirar-se de que a sua amada teria saltado atrás dele pela janela. Lília era, obviamente, a motivadora desses suicídios imaginários, que o poeta ameaçava transformar em realidade. Certa vez, telefona a ela, dizendo que ia se matar. Puxa o gatilho. O revólver falha. Sem coragem de dar o segundo tiro, desiste. Depois, dá a bala de presente a Lília.

O poema em que discute o suicídio de Iessiênin, em 1926, terminando com as linhas "nesta vida/morrer não é difícil/o difícil/é a vida e o seu ofício" (na esplêndida recriação de Haroldo de Campos), parecia prevenir qualquer recidiva. O poeta lutava consigo mesmo? Como Iessiênin, seu antípoda, Maiakóvski deixa versos no bilhete de despedida. Menos patéticos, por certo. "Como se diz/o caso está enterrado,/a canoa do amor/se quebrou no quotidiano./Estou quite com a vida/inútil o apanhado/da mútua dor/mútua quota de dano." Patética, na sua singeleza, esta linha da carta: *Lília – liubí mieniá.* (Lília, ama-me.)

Todas as homenagens que o poeta rendeu a Lília (em poemas como "Lílitchka!", "A Flauta-Vértebra", "O Homem", "Disto") se resumem numa única palavra que ele transformou no que hoje chamaríamos de *poema concreto.* Maiakóvski fez gravar num anel, que deu a ela de presente, as letras "L", "IU" e "B" – as iniciais do nome completo de sua amada: Lília IÚrievna Brik. Em disposição circular elas formam a palavra LIUBLIÚ (amo). Também no título de um poema de 1922 as letras são grafadas separadamente (L ıu B L ıu), embutindo na palavra "amo" o nome de Lília. Em 1923, saiu em Berlim uma extraordinária coletânea de poemas de Maiakóvski, *Dliá Gólossa* (*Para Voz*). Desenhado por El Lissítzki, o livro contém admiráveis soluções visuais, integrando textos e formas gráficas. Nele as três letras reaparecem, numa única página, em disposição circular, respondendo no plano gráfico à estrutura do poema-anel de Maiakóvski. Lília sempre o teve perto de si.

A par da vida amorosa do poeta, o livro dos Charters narra fatos curiosos e pouco conhecidos da biografia de Maiakóvski. O poeta era atacado não só por suas ideias estéticas ("futuristas", no dizer da época), mas por sua conduta pessoal. Os "escritores proletários" estranhavam que ele se vestisse bem. Ou que usasse um anel de ouro (presente de Lília). "Por que o uso no dedo?" – defendia-se. "Para não pô-lo no nariz." Ou que ostentasse a caneta de luxo que ganhou de Tatiana. Por fim, comprou um carro em Paris, um Renaud cinza, que trouxe para Moscou. Não gostava de guiar, por isso tinha um chofer. O poeta "proletário" Demian Biédni recriminou-o: "Você está ficando pequeno-burguês". "Mas você sempre andou de carro", retrucou Maiakóvski. "Mas o meu carro é do Estado, e não particular", concluiu Biédni, triunfante.

Aspecto controvertido hão de assumir as revelações dos Charters sobre o crescente envolvimento dos Brik com funcionários do Governo, inclusive membros da Tcheká, a polícia secreta, contato esse que se teria intensificado após a morte de Maiakóvski. Tais afirmações são corroboradas por um curioso testemunho, que não é citado pelo casal de biógrafos, o do poeta norte-americano E.E. Cummings, que, em 1931, visitou Lília e Óssip Brik, em Moscou, ao que parece sem saber exatamente de que pessoas se tratava.

De fato, assim como Maiakóvski esteve nos EUA, em 1925, numa viagem frustrante em matéria de contatos culturais, já que

▲
O poema-anel Liubliú (Amo), na tradução gráfica de Lissítzki, para o livro Dliá Gólossa (Para Voz), publicado em Berlim, em 1923.

ele não falava inglês (o monolinguismo do poeta fazia-o sentir-se extremamente isolado no exterior, mesmo em Paris, onde contava com o auxílio da escritora Elsa Triolet, irmã de Lília), Cummings fez uma viagem à URSS, entre 10 de maio e 14 de junho de 1931, armado de um mínimo estoque de vocábulos russos e de uma carta de apresentação de Elsa, então casada com Louis Aragon, amigo dele e de Pound. A carta de Elsa, acompanhada de muitos presentes ("uma pletora de perfumes", uma escova de dentes, gravatas e revistas), era endereçada a sua irmã, e, ao que tudo indica, nem Cummings tinha ideia da poesia de Maiakóvski, nem Lília conhecia a poesia de Cummings.

O encontro é narrado por Cummings nas páginas 61-72 do livro EIMI ("eu sou", em grego), publicado em 1933 – um insólito diário de viagem, a que aplica todos os recursos da sua peculiar "tortografia". No quadro cinzento descrito pelo poeta como "o subumano superestado comunista, onde os homens são sombras & as mulheres nãohomens", Lília (camuflada sob o ferino pseudônimo de "Madame Putifar") emerge em tintas fortes: "uma mulher alta mas não muito; não jovem mas não velha, e bonita e muito feminina e eu sinto imediatamente que ela é franca, ela é viva, ela é enérgica". Óssip (*le mari*) é visto com menos simpatia: "pequeno, com a cabeça (calva) raspada, óculos de aros pretos, o andar de um bancário e algo de muito sério (de algum modo algo que ele não é) nele". Maiakóvski, também não referido pelo nome, apenas um retrato na parede. Lamentável desencontro de "eu sou" com "eu amo". Cummings: "Na parede, diversos *estudos artísticos* fotográficos de um demasiado intrépido, com pelo menos 3 punhos, pateticamente E Quão teatralesco tovarich temerário; num fundo de pseudopotentes caricaturas. I. é, camarada suicida". Os "estudos" fotográficos a que Cummings alude parecem ser: uma série de fotos, tiradas em 1928, por A. Tamerin, em que o poeta russo aparece declamando seus poemas, em duas delas com o punho cerrado; e aquele retrato sombrio feito por Steremberg na Exposição "20 Anos de Trabalho" – a última foto de Maiakóvski, vivo, tendo como fundo o "stand" das "Janelas Rosta", "a estatura poderosa do poeta como que sublinhada pelas silhuetas caricaturais dos inimigos, que careteiam em torno dele", como assinalou A. Bromberg.

    Cummings não entendeu o que viu (como poderia?). Mas talvez tenha captado, intuitivamente, o vazio e a decadência do apartamento da Travessa Guêndrikov, depois da morte de Maiakóvski e da ascensão de Stálin. A certa altura, entra no apartamento um herói de guerra e, pouco depois, um alto oficial da polícia política, a GPU. E Cummings mostra-se perplexo porque o "herói", depois de fazer as honras da casa, servindo vinhos, desaparece com "Madame Putifar", enquanto, a sós com o poeta, *le mari* tenta doutriná-lo e convencê-lo da legitimidade da ditadura stalinista. Pelo livro dos Charters fica-se sabendo que Lília, um ano após a morte de Maiakóvski, tornara-se amante de um herói da guerra civil, o General Vitáli Márkovitch Primákov. Foi certamente com ele que Cummings deparou no apartamento dos Brik. Segundo a biografia, Lília viveu com Primákov em Leningrado por diversos anos. Manteve-se a fórmula Tchernichévski: no apartamento deles, havia um quarto para Óssip e sua secretária, Gênia. Em 1935 foi Primákov quem levou a carta de Lília para Stálin. Vítima de um dos expurgos do ditador, Primákov foi preso e fuzilado com outros generais em 1937. Lília foi poupada. "Mulher de Maiakóvski", anotou Stálin, riscando o seu nome de uma lista de "suspeitos". Algum tempo depois, ela se unia a V. Katanian, amigo de Maiakóvski e dos Brik. Viveram juntos por 40 anos, dedicados, ambos, ao estudo e à divulgação da obra do poeta.

    Mas voltemos, dos toques e tintas da biografia, para a poesia, o mais importante. Caberia indagar, a esta altura, reconhecido o seu

▲
"...tovarish temerário..."
Maiakóvski declamando seus poemas (série de fotos tiradas em 1928, por A. Tamerin).

▲
"...num fundo de pseudopotentes caricaturas, i. é., camarada suicida."
A última foto de Maiakóvski vivo, tendo como fundo o "stand" das "Janelas Rosta", foto de Steremberg na exposição 20 Anos de Trabalho (1930).

inquestionável vigor, como ela chega até nós, cinquenta anos após a morte de Maiakóvski.

Parece-me evidente, hoje, que a parte que mais envelheceu, dessa poesia, são os versos políticos de tom apologético. Maiakóvski não desce a Neruda. Não chegou a entoar litanias a Stálin. Mas o civismo programado dos poemas de "encargo social" é tão menos tolerável, quanto mais decepcionante se revelou a utopia soviética. O que salvou a poesia de Maiakóvski do aniquilamento pelo discurso político foi a rebeldia selvagem do seu talento. Para o amor e para o humor. Do "Hino ao Juiz", da primeira fase, ao derradeiro "A Plenos Pulmões", o seu sarcasmo não poupa os conservadores, os acadêmicos, os burgueses. E é possível vislumbrar quase sempre, nas frestas do civismo revolucionário, a garra incivil do poeta não conformista.

Extraordinariamente viva continua a ser a poesia amorosa de Maiakóvski, da "Nuvem de Calças" aos fragmentos finais, passando por "Flauta-Vértebra", "Lílitchka!", "Disto", "Carta a Tatiana". Nesses textos, o amor é dissecado com palavras que, sem nada perder da violência explosiva da paixão, conservam "a precisão das fórmulas matemáticas"; aqui, mais uma vez, se patenteia a rebeldia individual do poeta contra as burocracias da sociedade ou dos sentimentos.

A poesia experimental de Maiakóvski, dos anos heroicos do cubofuturismo, escondida por tanto tempo pelos seus tradutores, é uma grata surpresa. Ela ombreia com a de Khlébnikov nas soluções inovadoras, de que constituem exemplo os palíndromos silábicos e os cortes abruptos do poema "De Rua em Rua" (1913). Justaposições vocabulares, equivalentes às montagens eisensteinianas, rimas e sonoridades incomuns, mostram o poeta como um hábil *designer* da linguagem. Esse experimentalismo não deixa de se introjetar na poesia de todas as fases de Maiakóvski, ao nível microestrutural.

▸
Capa do livro de poemas Pro Eto *(Disto), de Maiakóvski. Criação de Ródtchenko (1923).*

Num poema de 1928 ("Carta de Paris ao Camarada Kostróv sobre a Essência do Amor"), encontramos linhas como esta: *iz zieva/ do zviozd/vzvivdietcia slovo* (da garganta/ às estrelas/revoluteia a palavra). Mesmo em transcrição, pode-se observar a elaboração fônica, aliada à técnica de montagem (garganta/estrelas/palavra), a que se acresce, na dimensão visual, a espacialização gráfica, que iconiza as "estrelas".

Mas é de se perguntar se a poesia de Maiakóvski, ao se estabilizar na disposição gráfica "em escada" e no discurso articulado, em função de sua projeção oral, não acusará um retrocesso da linguagem poética. Entendo que a cristalização do verso maiakovskiano em moldes sintáticos mais convencionais, próximos do discurso prosaico e coloquial, é uma opção válida das poéticas modernas: a do poeta-crítico, que usa do aparato imagético-mnemônico da poesia (ritmos, rimas, assonâncias, aliterações, paronomásias) para iluminar a reflexão metalinguística em torno da poesia e da sondagem poética do universo. Prosa de poeta, se quiserem. É o caso de poemas como "Hino ao Crítico", "Conversa com o Fiscal de Rendas", "A Sierguéi Iessiênin", "Incompreensível para as Massas", "A Plenos Pulmões". À sua maneira, assim atuam Pound (*Os Cantos,* "conversa entre homens inteligentes"), João Cabral ("Anti-Ode", "Psicologia da Composição", "A Palo Seco"), ou John Cage ("Conferência sobre Nada", "Conferência da Juillard", "Diário: Como Melhorar o Mundo – Você só Tornará as Coisas Piores").

Penso, por outro lado, que não se fará total justiça a Maiakóvski enquanto suas obras continuarem a ser impressas academicamente, como se faz na URSS, em edições minuciosas em termos de variantes e notas, mas distantes e até mesmo antagônicas em relação aos projetos gráficos originais. Seria imprescindível republicar, entre outras, as edições de 1923 de Pro Eto (Disto), com todas as fotomontagens de Ródtchenko e o espantoso *close* de Lília na capa e *Dliá Gólossa* (Para Voz), a criação intersemiótica de Lissítzki-Maiakóvski (deste último livro, editado em Berlim, consta que houve uma reimpressão alemã em 1973). Até que isso ocorra, temos de nos contentar com um Maiakóvski parcial, muito mais "literário" e comedido do que era o poeta, um rebelde profeta dos "intermídia" artísticos.

Exemplo das virtualidades interdisciplinares do trabalho de Maiakóvski é o poema "A Extraordinária Aventura Vivida Por Vladímir Maiakóvski no Verão na *Datcha*" (1920), em que ele descreve um fantástico encontro com o sol. Esse "encontro" gerou pelo menos duas notáveis extensões plástico-visuais. Uma, a tradução gráfica de Lissítzki, em *Para Voz*. Outra "A Porta do Sol" (1923) de Robert Delaunay e Maiakóvski: uma das portas internas do apartamento de Delaunay, em Paris, foi dividida em quatro retângulos coloridos, contendo um grande círculo central, no qual Maiakóvski inscreveu a primeira e as sete últimas linhas do texto, convertido num gigantesco caligrama do sol.

Há um registro fonográfico desse poema, lido pelo próprio Maiakóvski, em 1920. Tenho-o num disco "made in URSS", adquirido em Nova York. A leitura, entre conversacional e declamatória, faz pressentir, sob o apagado da antiga gravação, uma voz poderosa. Não me esqueço do comovente final, onde a palavra SVIETIT (brilhar) aflora em sucessivas explosões, com o brilho do sol que vara os tempos. Gostaria de terminar estas evocações maiakovskianas com uma versão das últimas linhas do poema, na qual associei as vozes dos poetas-cantores de agora (Caetano Veloso, Roberto Carlos) à voz do grande poeta russo, com a irreverência que a sua obra autoriza. Eis o recado que o poeta e o sol, luzindo "no lixo cinza do universo", têm para nós, "camaradas futuros":

Fotomontagem de Ródtchenko para o livro Pro Eto (Disto)

BRILHAR PRA SEMPRE
BRILHAR COMO UM FAROL
BRILHAR COM BRILHO ETERNO
GENTE É PRA BRILHAR
QUE TUDO O MAIS VÁ PRO INFERNO
ESTE É O MEU SLOGAN
E O DO SOL

A PORTA DO SOL (1923)

CRIAÇÃO DE ROBERT DELAUNAY E VLADÍMIR MAIAKÓVSKI

A TARDE ARDIA COM CEM SÓIS

★ ★ ★

BRILHAR PRA SEMPRE
BRILHAR COMO UM FAROL
BRILHAR COM BRILHO ETERNO
GENTE É PRA BRILHAR
QUE TUDO O MAIS VÃ PRO INFERNO
ESTE É O MEU SLOGAN
E O DO SOL

◀

Uma das portas internas do apartamento de Delaunay, em Paris, foi dividida em quatro retângulos coloridos, contendo um grande círculo central, no qual Maiakóvski inscreveu a primeira e as sete últimas linhas do poema "A Extraordinária Aventura Vivida Por Vladímir Maiakóvski no Verão na Datcha" (1920), convertido num gigantesco caligrama do sol.

NOTA E TRADUÇÃO DE AUGUSTO DE CAMPOS
VISUAL DE ANDRÉ LUYZ

Haroldo de Campos, Augusto de Campos e Boris Schnaiderman.

SOBRE AS NOVAS TRADUÇÕES DE MAIAKÓVSKI[1]

AUGUSTO DE CAMPOS

Eu fui aluno de Boris Schnaiderman entre 1963 e 1964. Com uma carteirinha de ouvinte, frequentava o Curso Livre de Russo na Faculdade de Filosofia e Letras, da Universidade de São Paulo, na rua Maria Antônia. Queria, como Haroldo, traduzir Maiakóvski. Lê-lo no original, e não através das aguadas versões que por aqui circulavam, regurgitadas de traduções literais em castelhano, que o transformavam em orador de palanque. A primeira aula tinha uns 50 alunos. Para animar, Boris punha num toca-discos a canção popular "Kalinka Maiá". Entusiasmados, os alunos entoavam coletivamente as duas palavras enganosamente fáceis que se repetiam ao longo da singela melodia. Depois começaram as duras aulas de aprendizado do alfabeto cirílico, as lições de casa. As vexaminosas leituras públicas dos textos. O número de alunos foi diminuindo progressivamente. A certa altura, inscreveu-se no curso Aurora Bernardini, que já possuía um razoável conhecimento do idioma. Quando veio o golpe militar de 31 de março e/ou 1º de abril de 1964, a sala ostentava em torno de meia-dúzia de alunos. Pouco depois, o curso se extinguiu. Como era de supor, o ensino do russo era altamente suspeito aos olhos da ditadura.

    Boris, com quem Haroldo e eu começáramos a traduzir os poetas modernos russos, indicou-nos uma livraria que ficava na rua Direita, no centro da cidade, onde compramos um grande número de livros, a preço de banana. Eram, de fato, muito baratos os livros russos, edições estatais. Lá adquiri, entre vários outros, os treze volumes das *Obras Completas* de Maiakóvski, publicados entre 1955 e 1960, encadernados em capa

[1] Publicado originalmente, sob o título "Maiakóvski Cubofuturista", no Suplemento Literário de *O Estado de Minas Gerais*, Belo Horizonte, set. 2015.

vermelho-escura, com letras douradas, recheados de ilustrações em cores de autoria do poeta, em tiragens de até 200.000 exemplares. Mais tarde, passei a indicação ao Leminski, que afetava conhecer o idioma, embora na verdade o que sabia era só um pouco de polonês… Comprei, também, à mesma época, os cinco volumes azul-prateados de uma seleção de poemas de Sierguéi Iessênin, 500.000 exemplares! O dono da livraria era um russo "branco", que se evadira da URSS e que obviamente não tinha nada de comunista. Chamava-se Sérgio Uspienski. Depois do golpe militar de 1964, a livraria não durou muito. Um belo dia, foi visitada pela polícia política, que pôs abaixo as suas estantes, e acabou com a nossa alegria.

 Editadas após a reabilitação do "futurista" Maiakóvski por intervenção direta de Stalin, que se apercebera, ladinamente, da vantagem de ter uma voz tão extraordinária alardeada como "o poeta da revolução", as obras completas não podiam deixar de imprimir as suas composições do período mais radical do cubofuturismo, com as quais se iniciava o primeiro tomo da coletânea. Salvo um ou outro corte da censura para alguma palavrinha tipo "merda", e algum trecho mais suspeito de insurreição (que ia para algum apêndice), a edição parece ser realmente completa. De um dos textos relegados aos apêndices extraí o meu profilograma "Chuva Oblíqua de Maiakóvski", que embuti em montagem no perfil maiakovskiano de Ródtchenko, impresso em vermelho, fazendo incidir sobre ele, à maneira de um caligrama apollineriano, as palavras do texto, que Ossip Brik censurara ao poeta russo, e no qual este dizia que queria ser compreendido pelo seu país, mas que, se não o fosse, passaria por ele como chuva… "Chuva oblíqua", intitulei, propositadamente, a minha "intradução", pensando em unir à estrofe marginal do "opus" não numerado maiakovskiano a voz de um outro grande poeta marginalizado em seu tempo,

Fernando Pessoa, num de seus poemas mais radicais, da fase "interseccionista". Metapoesia marginal. Três poetas num só².

Os poemas do período mais caracteristicamente cubofuturista de Maiakóvski nos interessaram muito, a mim e Haroldo. Escancaravam a face oculta do poeta: o seu artesanato furioso, expresso nas imagens ofensivas, nos imprevistos jogos vocabulares e nas rimas esdrúxulas e desconcertantes que passavam despercebidas nas versões literais. Características que marcam toda a sua obra ulterior. Traduzimos vários deles, que vieram a ser incluídos nos volumes dos nossos *Poemas de Maiakóvski* e da nossa *Antologia da Poesia Russa Moderna,* obras essas publicadas em 1967 e 1968, pela editora Tempo Brasileiro e pela editora Brasiliense, desafiando a censura militar, que mirava especialmente Ênio da Silveira, diretor desta última. A seguir, a Perspectiva veio a republicar as mesmas obras, ampliadas. Mais recentemente, numa das minhas periódicas revisitas à poética russa, criei coragem, retomei meus estudos e voltei a esse grupo de poemas que sempre me atraiu. Já sem contar com o apoio logístico de Boris, e com o amparo relativo de vários dicionários e de algumas traduções de outros idiomas mais amigáveis, animei-me ao adquirir a antologia bilíngue de Claude Frioux, *Maïakovski, Vers 1912-1930* (Paris: L'Harmattan, 2001), que corresponde à sequência inicial de poemas do primeiro tomo da edição russa de sua obra poética completa. Como os franceses vêem surrealismo em tudo, Frioux tende a considerar precocemente "surrealistas" os versos juvenis de Maiakóvski. A mim eles me parecem mais influídos pelas matrizes do cubismo e do expressionismo, então correntes, sem falar no difuso futurismo citadino que impregna, entre o ruído dos pneus e o visual das tabuletas, as imagens violentas, disparatadas e simultaneístas desses poemas. As versões

2 O poema está em *Despoesia*, 2. ed., São Paulo: Perspectiva, 2016.

de Frioux são literais e apresentam, por isso mesmo, limitada criatividade poética, mas são, também por isso, de grande utilidade para a compreensão e interpretação dos textos, duplamente difíceis, pelo idioma e pela complexidade. Com o reforço de tais recursos verti mais doze poemas daquela fase, que se situa entre 1912 e 1915. Sem perceber, traduzi dois que já haviam sido vertidos, um por Haroldo, outro por mim. Publiquei sete deles na revista eletrônica *Zunái*, dirigida pelo poeta Cláudio Daniel (http://zunai.com.br). Divulgo aqui, as cinco restantes, ainda inéditas. Diferentemente de alguns tradutores, que se sentem irresistivelmente atraídos a desafiar as recriações de outros, para competir com eles – como se apreciassem o papel daqueles jovens *cowboys* que vão procurar o velho pistoleiro aposentado para chamá-lo ao confronto nos conhecidos *western*s cinematográficos – tenho por princípio evitar essas coincidências embaraçosas e quase sempre humilhantes para os *sparrings*. Para que traduzir aquilo que já foi transcriado tão bem e provavelmente melhor? Mas aconteceu, e fica, ao menos, no caso do poema vertido pelo Haroldo, como um contraponto fraterno de "irmão siamesmo". Quanto a competir comigo mesmo, não tenho o que dizer. Não deixa de ser engraçado, porque as traduções se revelam completamente diferentes.

NOTA BIBLIOGRÁFICA

Os responsáveis por este livro publicaram numerosos trabalhos sobre Maiakóvski. Citaremos apenas os que saíram em livro.

A antologia *Poesia Russa Moderna,* 6ª edição revista e ampliada, São Paulo: Perspectiva, 2001, elaborada pelos três, reúne obras dos principais poetas russos do período, traduzidas para o português e acompanhadas de um estudo panorâmico.

O livro de Boris Schnaiderman, *A Poética de Maiakóvski Através de sua Prosa,* 2ª edição revista, São Paulo: Perspectiva, 2014, contém, além de um estudo crítico, uma seleção dos trabalhos teóricos do poeta.

"O Texto Como Produção", em Haroldo de Campos, *A ReOperação do Texto,* 2ª edição revista e ampliada, São Paulo: Perspectiva, 2013, é um roteiro minucioso da tradução do poema "A Sierguéi Iessiênin".

ÍNDICE DAS ILUSTRAÇÕES

PÁGINA

3	Desenho com que Maiakóvski assinou carta a Lília Brik
7	Maiakóvski, 1924 (foto de Moholy-Nagy)
49	Silhueta de Maiakóvski, por A. Ródtchenko
87	Capa da primeira edição dos *Poemas* de Maiakóvski, Rio de Janeiro: Tempo Brasileiro, 1967 (criação de Augusto de Campos; artefinal de F. Barra)
99	Manuscrito autógrafo do poema "Eu" de Maiakóvski
	Ilustração de Maiakóvski para o poema "Flauta-Vértebra"
133	Outro desenho com que Maiakóvski assinou carta a Lília Brik
138	Título do poema "A Extraordinária Aventura Vivida Por Vladímir Maiakóvski no Verão na *Datcha*", na versão da edição *Solntze* (O Sol), Moscou/Petrogrado, 1923
178	Iessiênin, no Hotel Inglaterra, em Leningrado (28. dez. 1925)
229	Os livros de Maiakóvski, na exposição de Moscou (1975)
233	Capa de Ródtchenko para o livro *Maiakóvski Sorri, Maiakóvski Ri, Maiakóvski Zomba,* Moscou/Petrogrado, 1923
242s.	Páginas da edição *Dliá Gólossa,* de Lissítzki, para poemas de Maiakóvski (Berlim, 1923)
246	Óssip Brik, Lília e Maiakóvski (foto de 1929)
252	Lília Brik, em sua casa, 1966

261   O poema-anel "Liubliú" (Amo), na tradução gráfica de Lissítzki, para o livro *Dliá Gólossa* (1923)

264   Maiakóvski declamando seus poemas (fotos de A. Tamerin, 1928)

265   A última foto de Maiakóvski, vivo, na Exposição 20 Anos de Trabalho (foto de A. Steremberg, 1930)

267   Capa do livro de poemas *Pro Eto* (Disto), de Maiakóvski. Criação de Ródtchenko (1923)

270   Fotomontagem de Ródtchenko para o livro *Pro Eto*

272   A Porta do Sol (1923) – Criação de Delaunay e Maiakóvski

274   Foto reunindo Haroldo de Campos, Augusto de Campos e Boris Schnaiderman

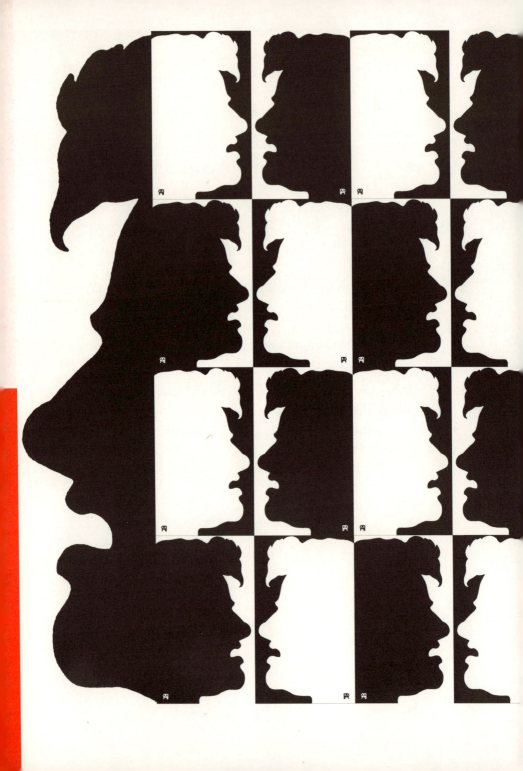

COLEÇÃO SIGNOS

HAROLDIANA

1. PANAROMA DO FINNEGANS WAKE • James Joyce (Augusto e Haroldo de Campos, orgs.) 2. MALLARMÉ • Augusto e Haroldo de Campos e Décio Pignatari 3. PROSA DO OBSERVATÓRIO • Julio Cortázar (Trad. de Davi Arrigucci Júnior) 4. XADREZ DE ESTRELAS • Haroldo de Campos 5. KA • Velimir Khlébnikov (Trad. e notas de Aurora F. Bernardini) 6. VERSO, REVERSO, CONTROVERSO • Augusto de Campos 7. SIGNANTIA QUASI COELUM: SIGNÂNCIA QUASE CÉU • Haroldo de Campos 8. DOSTOIÉVSKI: PROSA POESIA • Boris Schnaiderman 9. DEUS E O DIABO NO FAUSTO DE GOETHE • Haroldo de Campos 10. MAIAKÓVSKI – POEMAS • Boris Schnaiderman, Augusto e Haroldo de Campos 11. OSSO A OSSO • Vasko Popa (Trad. e Notas de Aleksandar Jovanovic) 12. O VISTO E O IMAGINADO • Affonso Ávila 13. QOHÉLET/O-QUE-SABE – POEMA SAPIENCIAL • Haroldo de Campos 14. RIMBAUD LIVRE • Augusto de Campos 15. NADA FEITO NADA • Frederico Barbosa 16. BERE'SHITH – A CENA DA ORIGEM • Haroldo de Campos 17. DESPOESIA • Augusto de Campos 18. PRIMEIRO TEMPO • Régis Bonvicino 19. ORIKI ORIXÁ • Antonio Risério 20. HOPKINS: A BELEZA DIFÍCIL • Augusto de Campos 21. UM ENCENADOR DE SI MESMO: GERALD THOMAS • Silvia Fernandes e J. Guinsburg (orgs.) 22. TRÊS TRAGÉDIAS GREGAS • Guilherme de Almeida e Trajano Vieira 23. 2 OU + CORPOS NO MESMO ESPAÇO • Arnaldo Antunes 24. CRISANTEMPO • Haroldo de Campos 25. BISSEXTO SENTIDO • Carlos Ávila 26. OLHO-DE-CORVO • Yi Sán^g (Yun Jung Im, org.) 27. A ESPREITA • Sebastião Uchôa Leite 28. A POESIA ÁRABE-ANDALUZA: IBN QUZMAN DE CÓRDOVA • Michel Sleiman 29. MURILO MENDES: ENSAIO CRÍTICO, ANTOLOGIA E CORRESPONDÊNCIA • Laís Corrêa de Araújo 30. COISAS E ANJOS DE RILKE • Augusto de Campos

31. ÉDIPO REI DE SÓFOCLES • Trajano Vieira 32. A LÓGICA DO ERRO • Affonso Ávila 33. POESIA RUSSA MODERNA • Augusto e Haroldo de Campos e B. Schnaiderman 34. REVISÃO DE SOUSÂNDRADE • Augusto e Haroldo de Campos 35. NÃO • Augusto de Campos 36. AS BACANTES DE EURÍPIDES • Trajano Vieira 37. FRACTA: ANTOLOGIA POÉTICA • Horácio Costa 38. ÉDEN: UM TRÍPTICO BÍBLICO • Haroldo de Campos 39. ALGO : PRETO • Jacques Roubad 40. FIGURAS METÁLICAS • Claudio Daniel 41. ÉDIPO EM COLONO DE SÓFOCLES • Trajano Vieira 42. POESIA DA RECUSA • Augusto de Campos 43. SOL SOBRE NUVENS • Josely Vianna Baptista 44. AUGUST STRAMM: POEMAS-ESTALACTITES • Augusto de Campos 45. CÉU ACIMA: UM TOMBEAU PARA HAROLDO DE CAMPOS • Leda Tenório Motta (org.) 46. AGAMÊMNON DE ÉSQUILO • Trajano Vieira

SIGNOS
47. ESCREVIVER • José Lino Grünewald (José Guilherme Correa, org.) 48. ENTREMILÊNIOS • Haroldo de Campos 49. ANTÍGONE DE SÓFOCLES • Trajano Vieira 50. GUENÁDI AIGUI: SILÊNCIO E CLAMOR • Boris Schnaiderman e Jerusa Pires Ferreira (orgs.) 51. POETA POENTE • Affonso Ávila 52. LISÍSTRATA E TESMOFORIANTES DE ARISTÓFANES • Trajano Vieira 53. HEINE, HEIN? • André Vallias 54. PROFILOGRAMAS • Augusto de Campos 55. OS PERSAS, DE ÉSQUILO • Trajano Vieira 56. OUTRO • Augusto de Campos 57. LÍRICA GREGA, HOJE • Trajano Vieira 58. GRAAL: LEGENDA DE UM CÁLICE • Haroldo de Campos (Carlos Antônio Rahal, org.)

Este livro foi impresso em São Bernardo do Campo,
nas oficinas da Paym Gráfica e Editora,
para a Editora Perspectiva